随眠の哲学

随眠の哲学

山内得立著

岩波書店

編者まえがき

酒井　修

一　本書の成立動機。――「主人が会いたいと申しておりますから」と、御電話を奥様からいただき、その翌々日参上したのは、確か昭和五十七年(一九八二年)九月十四日、午後二時頃であった、と記憶する。病床の先生はわずかに身を起して一枚の紙を示された。それは御自身の『著作集』の、御自身による御計画であり、『随眠の哲学』を第一巻とする各巻の表題とそれぞれの編者の名前とが列記されていた。「『随眠の哲学』は酒井君に」と、先生は声を励まして編者の手をしっかと握られた。その御手の力といい、又御声の明瞭さといい、これが永きお別れになろうとは露ほども思われず、部厚い御原稿をお預りして、ただ悲愁の思いに胸塞がれつつ御暇をした。(それだけに、五日後の十九日朝、先生の俄かな御逝去の報を受けたとき、恰も夢を見るかのようで、ただ絶句するほかなかった。)――爾来、『随眠の哲学』の刊行は、編者にとって一途に重き責務となったのである。

二　(1)本書の編成。――当時先生は、『哲学研究』の第五四三号から三号にわたり、論文「随眠と帰属の理論」を御発表中であり、しかもその第三回を掲載した第五四五号のその最終校正が進行中であった。そして抑々この御論文の第一回分を、「『ロゴスとレンマ』を書いて、もう五年以上にもなるから、また書き始めて見ようと思う。」というお言葉とともにお預りしたのは、昭和五十五年(一九八〇年)暮のことであった。従って、『随眠の哲学』は、『哲学研究』誌上のこの御論文に続けて、このたびお預りした御草稿(以下、本書では原手稿と略記)――四百字詰原稿用紙で三九九頁まで数えられた——を加え、以て一巻となるよう編成されねばならないことは明らかであった。というのは、原手稿の第一頁は「九」という章節番号で始まっており、『哲学研究』掲載論文が第八節で終ることに連続していたからである。*

* それ故、『哲学研究』における「随眠と帰属の理論」の分節と本書前篇における分節とは左表のごとく、完全に一致させてある。なお括弧内のアラビア数字はそれぞれの掲載書の頁付を示す。また『哲学研究』の実際の発行は、当時は表示の発行日よりも、一、二ケ月あとになっていた。

	「随眠と帰属の理論」の分節	本書前篇の分節
五四三号（昭和五十六年十一月二十日発行）	**一**（1～8）	**一**（3～11）
	二（8～15）	**二**（11～19）
五四四号（承前）（昭和五十七年四月二十日発行）	**三**（1～9）	**三**（20～29）
	四（9～16）	**四**（30～38）
	五（16～21）	**五**（39～45）
五四五号（承前・完）（昭和五十七年八月二十日発行）	**六**（1～6）	**六**（45～50）
	七（6～15）	**七**（51～62）
	八（15～17）	**八**（62～65）

(2)編集方針の確定。——(i)然しこの方向で編集を進めるにしても（そしてこの方針の正しさが確認されるためには尚更）、まずテクストの確定が先行せねばならないであろう。先生は元来、京都の哲学者三筆のひとり（他に西田幾多郎、久松真一）に数えられるほどの書家である。だが折角御達筆の御手稿も、一般にはかえって読みづらく、また次第に募る病苦をおしての御執筆であるために文字の乱れも少々見受けられ、とりあえず八名の助手および大

学院生（いずれも当時）が分担して浄書にあたった。その際、判読又は理解の困難な字句や、原手稿自体に見いだされる脱漏あるいは中断などについては、それに相当する字数を空欄にしておくことを申し合せたが、この浄書は昭和五十八年初めにほぼ完了した。

(ii)編者はこの浄書（いわば第一次草稿）を原手稿と対比照合しながら、そして前記の空欄や新たに見いだされた疑問点を、『ロゴスとレンマ』など他の御著書をも参看して、充塡し補正しながら、編集を進めたが、その原則は、原手稿の姿を出来るだけ忠実に保存し再現することであり、それ故補足や変更は最小限にとどめられた。具体的には、(a)漢字は原則として当用漢字に統一するが、仮名遣いおよび送り仮名は原手稿のものを出来るだけ保存する、(b)必要ではあるが比較的小さな補足や変更、たとえば句読点、濁点、改行などに関するそれは（煩を避けるため）一々明示はしない、(c)但し、編者の解釈を導入せざるを得ないうえに稍〻大きな補足又は変更、たとえば字句や文章などに関するそれ、特に空欄の補塡、については、〔　〕を以て明示する、(d)然し〔　〕を以てしてはなお十分に表示出来ないたぐいの補正については、一々を原手稿の該当箇所に対照させる表を作りそこを指示するか、あるいは、(e)特別のものは単独の注を作成して編者注の中に編入する――といった、そういう方針を立てて、編集は推進された。

(iii)然るに、編集が進捗するにつれ、この資料（即ち「随眠と帰属の理論」および原手稿）のその全体は、ある主題について一途に論明を構築してゆく所の、まとまったひとつの論文をなす、というよりは寧ろ、それぞれ別の着手点から同じ主題に切り込んでいる三つの論文であり、その連綴であることが、はっきりして来た。つまり、資料の全体を、前・中・後の三篇に――「随眠と帰属の理論」の全部と原手稿の一頁から一九三頁までとから成る前篇、原手稿の一九四頁から二九九頁までを含む中篇、同じく三〇〇頁から原手稿の最終頁(三九九頁)までを含む後篇、というこの三部分に――区分し、且つそれぞれに具体的表題を附けることが適当なのではないか、といった判断が生まれて来たのである。

(iv)のみならず、この三篇は更にそれぞれその内部が、いっそう詳細に区分されねばならぬことも又認識されるにいたった。――前篇では、上記の『哲学研究』誌の論文が既に、「一」から「八」までの章節区分を持ち、前篇に編入さるべき原手稿の部分にも、「九」から「一二」までの番号、および「一三」から「一五」までに相当する章節区分が見いだされる。中篇でも「一」および「二」によって章節の区分が試みられている。ところが、原手稿の前篇編入部分では、「一五」に相当する章節が一一七頁で始められてのち、前篇が終結する一九三頁まで七十六頁のあいだ、章節による区切りは全く行われていない。中篇では、二〇二頁で「二」が始められてから中篇の最終頁(二九九頁)まで区切りの試みはついに存せず、後篇は最初(三〇〇頁)から最後(三九九頁)まで全く区切られていない。従って資料の全体を通観したとき、少なくとも章節区分という形式面からすれば、前半と後半とは著しく不釣合いな構成を示しているのである。にも拘らず、原手稿の現状にあくまで拘泥するならば、かえって読者を徒らに亡羊の嘆に走らしめ、ついには先生の精神から遠ざける結果になりはしないだろうか。――出版社とも議りつつ種々思案した結果、編者は曩に樹立していた(a)から(e)までの原則に更に、次の諸原則(f)から(h)まで)を追加する必要がある、と判断せざるをえなかった。――即ち、(f)資料全体を前・中・後の三篇に分節する。前篇には「一」から「八」までの既存の区分に続けて、新たに「九」から「一七」までを区分し、中篇では既存の分節、「一」と「二」とに加えて「三」から「六」までを区分する。そして後篇は「一」から「四」までに分節される。(g)かくして成立した各篇各章にはすべて、その分節の内容を表示する表題を添える。(h)然し、編者が原手稿の中に導入したこれらの章節番号や表題はみな(従って「前篇」や「一六」などの見出しも又悉く)、〔　〕によって、編者の附加であることが明示される。

(v)然しながら、このような措置だけではなお不十分であることが感ぜられた。——即ち、新たに導入された章節区分は、もとより思想内容の本質的分岐に基づいて行われた区分であったが、同時に、それは既存の章節区分(前篇の「一」から「八」まで)の長さ(即ち六頁から一一頁。各頁、約八百五十字)をひとつの目安とし、それらと著しく不釣合いな長さにならぬよう配慮されねばならなかった。然し十頁未満の章節であっても、その中に一貫した思想の展開を認識することは、本書の場合、それほど容易なことではないであろう、というのは、本書は哲学の諸学科のなかでも最も抽象度の高い存在論のその根本問題、なかんずく「存在の根拠」の問題をば、専ら存在-論的(logisch-ontologisch)に論じているからである。——編者はかくして、新たに成立したばかりの各章節を、(i)更に若干の小節に区分し、それぞれに、洋数字による小節番号とその内容に対する説明表題とを附加し、これ又〔　〕により囲むことで編者の導入であることを示した。

従って資料全体に対する編集諸則(a)—(i)は、約言するならば、(1)原手稿の姿を出来るだけ忠実に保存し再現する、という文献学的姿勢と、(2)編者の解釈を通して原著者の意図を表出し、読者の便宜を図る、という解釈学的かつ実際的な志向とを、そのつどいかに具体的に統一するか、という課題を解決してゆくための指針でもあったのである。

(3)テクストの確定。——(i)然し、いま確立したこれらの原則に基づいて資料の全体(特に原手稿)を現実にテクストにまで確定する、ということは、編者のごとく、元来非才かつ羸弱の者にとっては、加えて輻湊し重畳する夥しい義務のその渦の中で日々翻弄されている者にとっては、ほとんどその限界をこえた難事業であった。自分自身の本来的研究の遂行はもとより、諸〻の講義とそのつどの準備、委任された講座の運営、『哲学研究』誌の編集と刊行等々、京都の伝統の護持のため日々骨身を削らねばならない現実の中で、この新しい任のために折角余裕を絞り出して来ても、繰返し、長期にわたり編集を中断せざるをえない状況が生まれて来た。本文の編集がひとまず終了し、岩波書店の加藤亮三氏に届けることが出来たのは、実に平成二年五月八日のことである。編者はこの間に停年を迎え、また出版社の側でも、まもなく野口敏雄氏が加藤氏から本書の編集を引き継がれた。

(ii)同年夏頃から編者のもとに校正刷が来着し始めたが、十一月十四日には野口氏とともに、改めてこの校正刷全体の体裁を、具体的出版を念頭において検討し直す機会を得た。その結果、使用漢字ばかりでなく、仮名遣いおよび送り仮名も又、原則的に現行普通のそれに統一された。然し最も大きな変更は、編者による補正であることを示す〔　〕が原則として悉く撤去されたことである。たしかに、亀甲の括弧による囲いこみが、大半の頁に満ち満ちて、かえって新たな読みづらさを生んではいた。だがこの削除の結果、原手稿の姿はもはや髣髴とさせがたくなり、わずかに芟除し残した〔　〕と編者注とによってこれを窺うほかなくなった、そして〔　〕を以てしては表示しにくい補正箇所と原手稿との対照表は百九十一項以上を含むものが用意されていたが、これも校正刷作成以前に、本書の編成から除かれた。

(iii)しかし、本格的校正と編者注の作成とに取りかかった矢先、編者は病にたおれ、摩耗していた心臓冠動脈の治療を受けねばならなくなった。手術、療養、回復努力――仕事を再開し得たのは漸く平成四年の春であった。

本格的再校と六十三項目を数える編者注の作成とを終えて、この春から本書の編集を引き継がれている天野泰明氏に届けることが出来たのは八月二十二日のことである。編者はこの間にも、新たにそれぞれの専門家から教示を得、言語学および哲学史の方面から、数箇所の本質的な補正を行い、思想内容の一段と正確な表現に到達することが出来た。顧れば既に十年。ここに漸くテクストが確定したのである。

それ故、このテクストは、比喩的に表現するならば、先生の講筵に十年列した学生が自分の筆記ノートを、先生御自身の講義草稿を拝借して補正し、更に自分の理解のために分節し区分し、且つその章節のそれぞれにみずから要点を附記したものである、というように、あるいは、そのような学生から、いま新たに先生の思想に関心を懐く学生に、資料として提示された聴講ノートの如きものである、というように、言い表わすことが出来よう。然しいっそう客観的に性格づけるならば、たとえば、『精神の現象学』に対する様々な編集の中で、原文の中には存しない章節区分と表題とを全面的に附加しているラッソン二版の立場の如きものである、と言えよう。つまり、本書に今後期待され得べきいわばアカデミー版に対比すれば、この版は、まず先生の思想を紹介するための研究用普及版(Studien-Ausgabe)なのである、と。

三　本書の思想的眼目。——最後に、本書の思想的内容に関して、編者の立場から一、二申し添えたい。

——本書が『ロゴスとレンマ』(昭和四十九年刊)の続篇として位置づけられるべきことは、著者自身が生前既に言明されていた所であった。この前著において著者は、(1)仏陀時代のインドで四論と呼称されていた思惟の四様式(即ち、(i)肯定、(ii)否定、(iii)両是、(iv)両否)に注目し、これを吟味し再編して(iv)と(iii)とを入れ換え)、そこから、両否にして且つ両是という直観形式を取り出し、(2)この立場を大乗仏教の論理の核心として、更には西洋のロゴスの論理には見いだされない東洋に固有で且つ一層深遠な論理として、定立した。(3)そして著者自身によって「レンマの論理」(正しくは、むしろ「レーンマの論理」)と名づけられたこの直観方式が、いかに根源的な思惟様式であるか、又どこまで有効性を持っているのか、それを確認し検証する試みが、主に東洋思想の、それも特に大乗仏教思想の圏域内で次々に積み重ねられた。

この動向(3)の発展が――即ち、「レンマの論理」の根源性と有効性とを立証してゆくために、検証領域を更に出来るだけ拡大してゆこうとする努力が――本書を成立させる原動力となっており、又その基調となっている。かくして、この努力が向う領域として、改めて主題的に、(4)西洋の哲学的伝統が、特に存在の根拠の問題をめぐる存在論的思惟の歴史が取りあげられる。著者はここで、ロゴスの論理を以てしては到底解決困難なこの根拠問題を、ただレンマの論理だけが把握可能にする、ということを証示すべく努力を重ねるが、それは結局、「根拠」は究極的には絶対無であり、然もひとりレンマの論理のみが、この絶対無を絶対的な非として直観せしめる思惟方式である、というように自己引照的な仕方で基礎づけられるのである。絶対無が主題として登場して来たこの局面で、(5)論議の矛先は再び東洋思想の方に向けられる。中観哲学や般若思想、更には西田幾多郎の絶対矛盾的自己同一や鈴木大拙の即非の立場が批判的に論評され、それらは絶対無の深所に迫る思惟としては、レンマの論理に比べてなお未だし、と見做される。特に、西田および鈴木への肉薄には一種の鬼気すら感じられるのである。

――

著者が病苦のなか、この未確定稿を通じて読者に訴えようとしていたものが概ねこのような内容のものであったとするならば、これに接する者も又、もはや枝葉の不整合性や表現上の瑕疵に拘泥すべきではなく、この提題者に対して、真正面から誠実に応答しなければならないであろう。そこではもちろん、実に夥しい真剣な応答が反問の形式において群り起きてくるであろう。――西洋哲学の伝統から見ると、レンマの論理は存在‐論(理)的立場(logisch-ontologisch)に立つあるひとつの形而上学のその論理に他ならぬが、そうであるならば、その形而上学的主題たる絶対無については存在論的な反問が、また論理という以上、それの形式的整合性厳密性については論理的な疑問が、それぞれに、夥しく発せられるに違いない。また、著者はこの論理が、存在を把握するうえで最も根源的な、そして洋の東西にわたって妥当する最も普遍的な、そういう論理でありうることを、証示しようとして飽くことなく努力を重ねているが、その実証の過程の一々は、又、その手法の全体的性格はどこまで是認できるものなのか――様々な問いが歴史の方からも論理の方からも提出されてくることであろう。然し編者はここで次のような反省を遂行することによって、著者に対する編者自身の応答を代表せしめよう、と思う。

――幕末から明治にかけ、西洋の哲学が我国に初めて受容されたそのとき以来、これを「伝来して既に久しき」儒教や仏教と混然和合せしめて「新たに開達すること」(三宅雪嶺『哲学涓滴』)は、我国の大方の哲学者にとって、課題として自覚されていたのではないであろうか。しかもこの自覚には、ほとんど常に「東洋道徳、西洋芸」的観念が、換言すれば、東洋的精神原理の自己目的性とそれに対する西洋思想の手段的有効性という、一種の上下又は優劣の秩序が先行していて、曩の課題を実行するうえでの大きな制約になっていたのではないだろうか。そしてこの先行的関係は、大正から昭和の前半にかけて輩出した我国における唯心論的哲学の諸体系――西田幾多郎、田辺元、高橋里美のような――のその中にも、否、寧ろ愈と、明瞭に看取出来るのではないだろうか。三宅剛一はこれらの体系を、それらに共通な唯心論的性格に基づいて「心の哲学」と名づけたが(三宅剛一『哲学概論』)、編者の理解する所では、本書の著者は紛れもなくこの「心の哲学」の系譜に属する哲学者である、然も「心の哲学」が共通に志向するもの(即ち、東西両洋の思想を、「東洋」の側から統一する企て)を実現しようと正面から試みた所の、恐らくはこの系譜の最新の(従って最終の)思想家であると、そう性格づけてよいように思われる。*

＊ 三宅剛一が「心の哲学」と概括するときに言う「心」とは、「意識」とか「魂」のような、心理的性格ないし土俗性の強い観念ではなく、むしろ「一心法界」とか「一心三観」に見られるような、理を証する場としての心を指している(上掲書、二二四～二二五頁)。――そういう「心」は、修行と瞑想との極に体験される至純清澄の心境の世界として、吾々の観念的生の憧憬する所となりうるであろう。然し編者には、そういう「心」は又、吾々日本人の精神的生においては、日本的無常感や「物のあわれ」と、原則ぬきで融合して相補的に強めあっているように思われる。その核心には、言語化を忌避し、分節化構造化を拒否する強烈な情感の世界があって、この世界は、構造的世界の進入をしたたかにはねつけるとともに、それ故にこの構造的世界を最も巧妙に手段化しているのではないだろうか。

だが、そのような心境の世界が、これら「心の哲学」が(そしておそらくは吾々の精神的生も又、一般に)、何らかの哲学的判断をくだす場合、それにそのつど先廻りしてその最高の制約をなしていること、恰も、カントの批判哲学において、私のあらゆる表象に伴いうる „ich denke“(「我、考う」)の表象の他の表象に対するごとき関係にある、とするならば、いや、そうである、と見做してこそ、何故、これら「心の哲学者」たちは、哲学的議論の進行中に、突如として究極的宗教的体験の表現を(たとえば、自然科学や歴史学の最先端の問題を論じている最中に、東洋的絶対無とか往相即還相とかを)持ち出して議論に鳧《けり》をつけるのか、それが氷解するのではないだろうか。そして吾々の「心」をその先行判断から、いわばイドーラから自由にすることこそ、吾々の現下の義務なのではないだろうか。

もし、本書の著者を日本近現代哲学史の中にこのような仕方で位置づけることが許される、とするならば、それでは問おう、このレンマの論理は「心の哲学」に共通する諸制約からどこまで自由になり得ているのか、と。「心」の境地は、それがいかに強烈な情感的生命に溢れた境地であろうとも、分節化構造化を拒否して「わかる者にはわかり、わからぬ者にはわからぬ」直観の境地でありつづける限り、言論と対話とを生命とし、達意を目指して屢ゝ自己の存在を賭けさえする西洋の哲学的伝統とは極めて異質な世界であることは明らかである。にも拘らず、吾々はこれまで、西洋の精神的伝統の中から余りにも「(我が)心」に適うものだけを引きぬいてきてただその利用に走ったり、相手の中にただ「我が心」の影のみを見いだそうとして来たのではなかったか。そういう境地を越え出る可能性がどこまでここに開示されているか。

然し、あるいは見当違いのこれらの反省と応答とがいま遂行されえたのも、著者からの精神的インパクトがあってはじめて可能になったのである。即ち、様々の疑問や反論や応答を喚起する対話的可能性が、著者から編者にいま現実に作用したことこそ、著者の精神が生きていることの証左なのであり、更には、逆説的ではあるが、それが実際的には、「心」の境地を超出していることを証示しているのである。そこに本書の生命が感じられる、と言えるのではないだろうか。

＊　＊　＊

末尾ではあるが、ここに、編集が完結するまでの十年を忍耐して下さった御遺族ならびに岩波書店側の前述三名の編集者、さらに第一次草稿の作成に従事された助手および院生の方々、また専門的観点から助言と教示とをいただいた栗原尚道、吉田喜久子、金山弥平・万里子御夫妻に衷心より深甚の感謝を申しあげたい。編集が曲りなりにも完結しえたのは、ひとえにこれらの方々の御好意と御助力のたまものである。

平成四年十二月

目　次

中篇　個物と無的一般者の問題

後篇　即非の論理

前篇　存在の根拠の問題

一　随眠と煩悩

1　「随眠」を「煩悩」の根柢に在るものとして理解する試み

随眠(ずいめん)とは煩悩のことである。煩悩といえば我国に於いてはよく知られた概念であり、殊に仏教伝来後遍く用いられた語であるが、この二者は、同一のまたは同様のものであるか、それとも表現を別にする以上、夫々異なったものであろうか。煩悩に比して随眠は余りに古く、そして稀なる言葉であり、インドに於いても仏教初期、殊に『阿毘達磨倶舎論』巻十九―二十一に於いて頻出する思想であるが、何故にそれは煩悩と同一視せられ、時としては随眠煩悩とさえ言われたのであるか。一見すれば煩悩は苦悩であり悩乱であるに対して、随眠は安静なること眠りの如くであるから、全く相反する、または互に異なる概念であり、容易に同一視し混用し得ない筈であるべきであろう。激越な情動が何故に静穏な眠りに等しいか。勿論煩悩はそのまま随眠ではなく、随眠はただ眠りに随うものであると弁ぜられるかもしれぬが、それならば随うとは何の意味であるのか。煩悩の原語は kleśa であり、明らかに klis(苦しむ、悩む)から由来したものであるが、随眠の梵語は anuśaya であって全く意味を異にしている。このサンスクリットが随眠と漢訳されたのは如何なるわけであるか。恐らく玄奘の訳語は苦心の結果であって、決して誤訳であるとは思えないが、そうならば anuśaya は果して何を意味するのであるか。私はこの問題に長らく苦しんで、多くの仏教学者・言語学者にも発問したのであるが、今に到って明確な解答が得られない。やむなく自己一存の解釈を試みんとするのである。

それはこうである。anuśaya は、辞義通りにいえば、「根柢に」「置かれ、横たわる」(anu-śī)ものであって、必ずしも眠りに関係はない。ただ眠る時は横たわり臥してそこにあることを常とする。しかし思想的にはそれは単にそのような平俗のことではなく、恰もアリストテレスの hypokeimenon (ὑποκείμενον) の如く、存在の、または意識の、根柢に横たわっているものを意味するのではないか。煩悩は情意的であり、その根柢には深き眠りがあるのではないか、例えば荒れ狂う海面にも静穏なる深海が横たわっているように。煩悩と随眠とはまさにそのような関係にあり、それ故に玄奘は anuśaya を随眠と訳したのではないか。勿論これは一個の私見であり、一つの推定にすぎないが、私の理解はこの原意によってのみ達し得られそうである。先ず問題は、サンスクリットの anu という接頭辞(prefix)が何を意味するかということにある。私はここに於いて更に一つの大胆な仮説を提出して、それを土台として全体の論旨をすすめようとするのである。それは梵語の anu がギリシア語の ana (ἀνά)と言語学的に同根ではないかということである。これは勿論エテュモローギッシュに既定された確説ではない。しかしインド・ゲルマン的言語の発展から見て、あり得べからざるものと断定するのは尚早であろう。試みに anu の用法を探って見ると、次の如くである。一、aṇavas(微細の意。仔細に働くから、容易に知り難いから)という場合。漢訳では、行相微細なるが故に、とある。根柢に眠っているからその活動が微細であって、容易に見定めがたいというほどの意味であろう。二、anugata　漢訳の「随逐」にあたる。ここでは随及の意である。有情に従って常に過患をなす、という意味から、prāpty-anusaṅga という。有情に密着して苦しみ悩むの意。三、anuśerate　漢訳では「随増」と訳されている。それは随眠が所縁と相応し次第に増長し増幅することの意である。四、anubadhnanti　漢訳では「随縛」にあたる。煩悩として執着し、それに縛されていよいよ苦しむ。その行相はprayoga(加行)であって、次から次へと苦悩して止まることを知らぬ。以上が大体の意味であるが、通覧するに、それは第一に加上増幅するという煩悩の特質を表わし、初めは明るき欲情であったものが遂に暗き眠りにまで追随するに至ることをあらわす。そしてその行相は微細であって、容易に開明を許さぬ。それはあくまでも煩悩に随い、それを増逐することによって縛せられ、遂に惛沈と苦渋に陥るのである。

以上に対して、ギリシア語のanaの用法は如何であったか。例えばアナロゴス(ἀνάλογος)は今日アナロジー(類推)と訳せられ、論理的には極めて薄弱な力しかもたないと考えられているが、ギリシア語のアナロゴスは本来そうではなく、論理的には他の「ディアロゴス」(dialogos)や「シュンロゴス」(synlogos)と相並んで、少くとも一つの論理的権威をもっていた。恰もkata-logosは今日カタログ(catalogue)となって、図書館の一隅におしこめられてしまったが、元来はロゴスのkata的なものを意味していた。それと同様にアナロゴスも、例えば動物の心理を臆測するような浅はかな類推力ではない。anaとは一般に「上方に動くこと」を、さらには「下流から上方にさかのぼること」を意味する。例えばクセノフォンのAnabasisは、ギリシア軍がチグリス、ユウフラテス河に沿うて下流から上流へ(バビロンへ)行軍する軍記であった。それがἀνα-βαίνωと言われるのは、行軍についての溯行であるからしてであった。一般にギリシア語のἀναはκάταに対して用いられ、後者が上から下に降ることに対して、anaは下から上に向って行動することを意味する。その方角は逆であるが、共に何かに沿うて行動することをいうのである。それは単に身体的なるものについてのみでなく、精神的又は論理的作用についても語られる。それは学問的なアナリシスの一種でもあったのである。アナリシスはἀναλύωであり、経験に沿うて原理的なるものを探究する「分析」作用でなければならぬ。分析とは、単にその要素に分解することではなかった。そしてそれが、今日自然科学に於いて如何に重要な研究方法となっているかは、普く人の知るところであろう。λύω は既に一つの分析であり、一方に「解析」を意味すると共に、それによって原理的なものに近づかんとする方法であるとすれば、ἀνα-λύω 即ち analysis は、アナロゴスと密接な関係にあることも推定に難くはない。

プラトンの anamnesis も又そのようであった。それは何よりも ana 的な性格に於いてすぐれて語られている。それは単なる記憶(ムネーシス)ではなく、特にアナムネーシスであり、追想であり回想であるべきであった。記憶は過去の経験の再生であり、単なる心理現象であるが、追憶はそうではなく、過去の経験に於いて新しい世界を想見することである。単なる記憶ではなく、イデアの発見でなければならない。我々が見るのは物の外形であり、仮初めな外貌にすぎないが、イデアを見る眼は新しく、そして真なる相姿であって、それの把握は浅はかな視覚ではなく、謂わば思想的なる直観でなければならない。物に於いて形を見るのではなく、物の本質を知見することでなければならない。イデアはエイドスであり、見られたるものであるが、見ることに於いて知見に透徹することでなければならない。一言にしていえば単なる心理現象ではなくて、まさに一つの論理であり認識であらねばならなかった。

アリストテレスの『詩学』に於いて、anagnorisis (ἀναγνώρισις) の如何に重要な位置を占めるかも、ここに述べ忘れてならぬであろう。アナグノーリシスとは単に知ることではなく、ana 的に知ることである。アリストテレスの定義によればそれは次の如きものであった。「アナグノーリシスとは、その名の示す如く無知から知への変転(*ἐξ ἀγνοίας εἰς γνῶσιν μεταβολή*)であり、つまりこれによって愛または憎しみに転換するのであるが、これは幸不幸に定められた人たちの間に起ることなのである」(*Poetica*, II, 1452^{a}, 29-32)。人間の幸不幸は我々の作出するものであるよりもむしろ与えられるものであって、どうにもならない運命によって定められている。この定めを知るのは、単に浅はかな人知ではなく、さらに深い運命についての知見でなければならぬ。そしてそれを表現するのが、「悲劇」であると言う。例えば『オイディプス王』に於いて語られた事実は、或る三叉路に於いてたまたま殺した老人が自分の実父であり、王位について娶った女が実の母であることを知って、限りなき悲痛に陥る。この知見がアナグノーリシスであって、単なるグノーシスではない。事実としては単なる殺人であり妻帯であるが、それらが尽く運命の過誤であると知ったときに悲劇が起る。トラゲディアとはこの運命の過誤または錯転を中軸として展開する悲劇であるに外ならなかった。それ故にアナグノーリシスは一種の「発見」である。単なる経験ではなく、「運命」の創見である。この発見がなければオイディプス王の生涯も安穏であった筈であるが、突如としてこの知見によって彼の人生はどん底に逆転する。運命とはかくの如く変転極りなき非情のものであった。それは人生の過誤であり、人生の倒錯である。アリストテレスはこれをペリペテイア(*περιπέτεια*)と名づけた。*περιπατέω* はあちらこちらと漫歩することであるが、誤ってあらぬ方にそれることが peripatos であった。人生行路は屢々かくの如き錯誤にみちている。それが運命の奇歩と名づけられる。そしてこのペリパトスについて洞見し、且つそれに悩みながら従わざるを得ないことが、アナグノーリシスであるに外ならなかったのである。

以上はギリシア的なる ana の性格を吟味することによって、サンスクリットの anu の意味を逆測せんとする試みであるが、もとより茲にインドとギリシアとの両国語の言語学的必然性を主張せんとするものではない。それは言語学者の仕事であって、我々の企て及ばぬことである。その点に於いて以上は一つの仮定であり、或いは誤った仮想であるかもしれず、広く識者の示教を望むところであるが、敢えてこれを提唱するのは学問の発展のためであって、必ずしも自説の強調の故ではない。この説がそもそも一つのアナロジイであると非難する人があるかもしれぬが、私の志すところは思想の原形であって、必ずしも非学問的であるとは断じ得ぬことと思う。たとえ非学問的であっても尚アナロギアとしての論理性を失わぬ筈であり、頼むところは、その ana 的性格が anu と同根ではないかというのが我々の出発である。

2 「随眠」は寧ろ「煩悩」の存在を基礎づける根拠として問われねばならぬ

随眠とは決して単なる心理現象ではなく、また身体的状況でないことも勿論であり、何よりもそれは、睡眠乃至は惰眠とは厳に区別せられねばならぬ。次に随眠について言わるべきことは、眠そのものではなく、それに随ってということである。このとき随うとは何を意味するか。それは我々の前面に横たわる問題であるが、先ず「それに沿うて」(along, entlang) ということは如何なることであるか。随眠は anuśaya であるが、煩悩は kleśa としてサンスクリットに於いても明らかに区別せられている。そのパーリ語は kilesa であるが、これは klis を語源として、一般には「執着する」ことを原意とするという。煩悩は執着より起る。執着するから苦悶があり、懊悩が生ずる。葛藤があり分裂があるというべきである。人は利に執着し、害をさけんとする。それは価値の葛藤であり、貪欲の労乱である。現実の生にして利欲の動乱に非ざるものはない。これに対して随眠は静寂にして平安であり、外見的には夢の如く、眠りの如くであるが、その限りに於いて自らはそれ自らとしてさめたるものであり、ただに知見せられるのみではなく透見せらるべきものであり、単なるグノーシスではなく、アナグノーリシスでなければならぬが、それでは随眠と煩悩とは如何なる関係に於いてあるか。この両者は決して同一のものではないが、さりとて全く無関係なものではない。両者の区別並びに相互の関係は、末流と原流とに喩えられよう。末流は多くの支流を加えて多岐であるが、それらは尽く一なる原流から流出したものである。アナとはこの流れに沿うて原流に溯ることであり、反対に上流から末流に下向することが、kata なる流れであった。現実の流れは複岐にして多端であるが、源泉は一にして単純である。アナムネーシスもアナグノーリシスも偏えにこの方向にあって、或いは人心の、或いは世相の根源たるにふさわしい。随眠を意味するアニュシャーヤも、ただに根柢に横たわるというのみでなく、Edgerton (*Buddhist Hybrid Sanskrit Grammar and Dictionary*, p. 35) によれば、一つの disposition と解せられ、さらには intention (āśaya) とも訳せられている。それはただ根柢に横たわるものであるよりは、さらに他に移らんとする素流であり傾動でさえあった。それはただそこにあるばかりでなく、何ものかを志向し流れてやまぬものであった。この両面を兼備して、āśayānuśaya として用いられることが常であったことは注意せらるべきであろう。してみると、随眠とは煩悩の本体であるよりもその根源であり、種々なる煩悩の乱流する主流であるといってよいであろう。ここに問われるべきは、根拠の法則 (Satz von Grund) であり、存在の原因ではなかった。随眠は煩悩の根拠であって、必ずしもその原因ではなかった。両者の関係について問わるべきは、煩悩と随眠との存在の様相であり、正しくはそれらの様式の根拠である。煩悩は多様であり対立であるが、随眠は一様であり素純である。何故に多なるものが一なるものを根拠とするか、何故に一なるものが多様なるものの根源でありうるか。それは存在がそこにあり、決して無きものではないからであり、且つ存在がまさにそこにあって他にではなく、さらにそのようにあって決して他様にはあり得ないからしてである。この問題を解決するのは自然科学の因果性でもなく、論理の必然性でもない。これらの関係とは全然異なった存在の根拠性である。しかしながら、これらの問いは既に古くそして遍くあったものであり、我々はそれを問うことに倦み疲れている。もはや我々は西欧中世の神学者の如くにこれを問題とすることはできないが、尚これに執せんとするは何故であるか。それに執することの烈しさ故に、まさに煩悩に堕せんとしているのではないか。

二十世紀は自然科学のめざましく発達した時代であった。しかしその反面に、また恰もその故に、公害と公禍とに苦しまざるを得ない時代となった。如何に文明がすすみ文化が栄えても、依然として苦悩はなくならない。寧ろ増漫するのみである。人類の統一が叫ばれても、国連に集まる諸国はいよいよ分裂して、各自の主権を主張せんとする。自然科学は厳密なる因果の関係を探究するが、それは原因の原因を求めて止る所を知らぬ。人類の祖先は何にあるか、類人猿をへてアミーバに到っても、尚その原祖がなくては叶わぬ。無限の逆行(regressus ad infinitum)は絶対原因を与えるものでなくして、徒に原因の原因を求めんとして窮するほかはない。スピノザは因果の必然性に堪えかねて自己原因(causa sui)を想定したが、彼は依然として決定論者に止った。近代自由の精神はデカルトによって辛うじて見出されたと言うべきでないか。ベルグソンは創造的進化(évolution créatrice)を根本的立場としたが、進化と創造とはそれほど容易に合一し得るものでありうるかどうか。進化の事実を探究したのはダーウィンであるが、進化論は却って哲学者スペンサーによって唱道されたものにすぎなかった。「これまでダーウィン以後の一部の進化論者には、自然淘汰について論ずるときに、きわめて貧弱な内容の、素朴な、残忍な観念を世に広める傾向があった」(ジャック・モノー『偶然と必然』、渡辺格・村上光彦訳、一三八頁)。我々は現代の自然科学に於いてさえも、因果の論理を唯一の原理とすることができない。インドの縁起説はこれとは異なった東洋的な原理であるが、それは著しく宗教的乃至は道徳的であって、純粋に学問的法則であるに堪えないであろう。我々はこれらの二者の外に、尚一つの「存在の根拠」を原則としなければならぬ。存在は論理によってではなく、それ自らの存在理由によって根拠づけられなければならない。「存在の理由」のみが存在を基礎づけうる。しかしそのような「理由」が果してあるか、ありとすれば如何なるものであるべきであるか。

二　東西論理思想の展開と展望——ロゴスの論理からレンマの論理へ

1　西欧論理思想の歴史的展開と論理的意味

拙著『ロゴスとレンマ』に於いて、私は西欧の論理思想の発展について次の如く論じた。人間の思想は「同一律」を以て出発し、且つそれを土台として展開したが、その端緒をなすものはパルメニデスであり、彼はこれを「AはAである」という命題によって表式した。そしてAがAであるというのは、単なる同一語の反復ではなく(もしそうならば無意味なる繰返しにすぎない)、Aというものの存在を主張せんとしたのである。Aは存在するが故に、AはAである。AがAであるからしてAは存在しうる。Aが存在することとそれがAであることとは同一のことであり、Aの存在は何よりもそれによって証明せられる。Aが無きものでなく、AであってBでないということが即ち、AがAとして存在するということでなければならぬ。その存在がまさにAであり、他ならぬAであり、決してその他の何ものでもないことを、それは主張している。この命題は一見愚かな無意味な主張であるように見えるが決してそうではなく、これほどAにとって重要であり意味深きものは他にないのである。自己が自己であるということは、高らかな自己同一の主張であり、自我の主体性の宣言である。さらに進んでは唯我独尊にもなりかねまじき雄々しい宣伝である。それが果してそうであるかは、端緒に於いてではなく、終末に於いて初めて実証せらるべきであるが、思想としては——殊にその始源としては——これほど力強く意味深きものは他にないであろう。我と非我との同一性も、主観と客観との同一性も、経験と論理との同等も、凡てはこの根本的事実の直観に依る。それは端的なる直観性に基づいている。これらが互に同一なることは、論理の必然性によってではなく、直観の直接性による。何故にそうであるかは、論理的な推理に依ってではなく、直観の事象性に依存するからである。

しかし人間の論理はそれには反対し、そして又それ故に直ちにその反論をよび起す。それは先ず思想の分裂であり、自と他との峻別である。これらの二者が同一であるというためには、従って、不同なる二者を前提しなければならない。二者が始めから且つ常に一であるならば、二者として区別することは不要であり、無意味でさえあるからである。異なった二者が統一せられることによってのみ統一とか同一化とかが可能であることは、明白にすぎるであろう。同一律に反抗して第一に出現したものは、矛盾の原理であった。矛盾律とは肯定と否定とが同時に成立し得ないという法則である。肯定しながら同時にこれを否定することは許されない。肯定は一つの判断であり、否定も又厳然たる一つの主張である。それらが同位にある以上、同時に成立することは不合理でなければならない。矛盾律とは矛盾を排斥する法則であった。そしてこの法則の確立せられたのは、奇しくもパルメニデスの弟子ゼノーンによってであった。但し彼はこれを思想の第二の法則として構想したのではなく、あくまでも師パルメニデスの学徒として、師の不動説を信奉し敷衍し発展せしめんと志したが故であるように見える。彼等は運動の否定者として有名であるが、その論理としてパルメニデスの同一律を利用したにすぎない。運動とは、肯定と否定との同時成立によってのみ可能である。それは一方に静止し、同時に移動することである。一方に存立し、同時に存在しないことである。一点にありながらそこにないことである。この二者なしには運動はなりたたない。しかるに存在と非存在とは同時に存在することはできない。そこで運動はあり得ないこととなる。なぜなら、運動とは存在と非存在との同時出現でなければならぬから。一つのものが静止するとき運動はない。そのものが移動する限りもはやそこに存在しない。存在と非存在とは矛盾するが故に、この両者からなる運動の現象は不成立であり、不可能でなければならぬ。それ故に世には運動はないと言う。

しかしゼノーンがいくら声高くこれを主張しても、水は流れ風は吹く。馬は走り人は歩む。極端に運動を否定すれば、彼の主張は詭弁とならざるを得ぬ。彼がギリシア初期に横行したソフィスト(詭弁論者)の祖となったのは、この理由からしてであった。無矛盾が論理学の中枢となりながら、遂にそれに止ることができなかったのは、ややもすれば(のみならず殆ど必然的に)、この詭弁に陥らんとする危険をはらんでいたからではないか。矛盾律は正しい。しかし殆ど論理の第一則として、絶大の権威をもつように見えながら、尚且つそれのみによって人間の思想を律するに足らぬことが、漸次に明らかになった。それは論理的に正当であっても、それ故に思想を満足せしめるに足らぬ。従って、人間の思惟を支配するものは論理のみではないということが、この法則によって曝露されたのである。例えば円と四角とは全く異なった形であり、互に異なることは確然としているが、必ずしも矛盾とはいえない。世には円い四角というものがありうるかもしれない。しかし互に異なることと矛盾することとは、全く別の概念でなければならぬ。円と四角とは論理として矛盾するが、事実としては必ずしもありえぬことではなかった。

従って、真理は単なる論理によって決定することはできない。真理は、論理の外に、経験を加えねばならぬ。即ち論理はそれのみでは、直ちに真理となることには不十分である。それがカントの認識論の主旨であった。論理は、認識にとって必要であるが、決してそれだけで十分なのではない。真理は矛盾律の外に、尚一つの法則を必要とするのである。真理は、必然にして且つ十分なる認識でなければならぬ。それがカントの先験的論理であった。カントは論理のほかに、十分なる認識を要求する。それは論理の不足の指摘であるのみでなく、真理の拡充をめざしたものであった。この意味に於いて我々は、カントの哲学を論理史上第二の偉大な発展とするのである。論理の外に経験を加え、両者の統合を以て真理の要件とした点に於いて、カントの名を忘れることはできない。

しかるに、カントに次いでドイツに生れたヘーゲルは、さらに瞠目すべき一つの新しい論理を開発した。それは弁証法論理(Dialektik)と名づけられるものであるが、この論理が何故にそう言われたか、又その特色と本質とが何処にあるか等々については、ここに詳述し得ないが、私の理解するところは大凡次の如くである。弁証法論理は Dialektik であり、それは文字通りにロゴスの dia 的な性格をもったものである。原初的には、ロゴスが肯定と否定とに分割せられ、そして両者が交渉するところに成立する論理である。ところが肯定と否定とは互に反立するものであり、同時に成立し得ないものでありながら、尚もその間に複雑なる関係を惹起し、それを論証的に処理し展開せしめんとするが故に、極めて高度な論理性を備う。形式的には肯定と否定とは相容れぬものでありながら、却ってそれ故に一つの新しい立場を展開する。一言にして言えば、弁証法は矛盾の法則を逆転して、至妙な論理を展開せんとするものである。形式論理は矛盾を忌避して、矛盾のあるところに真理は成立しえないとするが、それとは逆に、矛盾のあるところにこそ却って真理が成立すると考えられる。矛盾を排斥するか矛盾を歓迎するか、それが形式論理と弁証法論理の分れ目である。矛盾の原理がこの両者の論理に於いて全く正反対の待遇をうけるのが、転換の分岐点となる。西欧の論理はヘーゲルに到ってクライマックスに達し、それ以後何ら新しいものは出なかった、という人さえある。その展開は、ヘーゲル以後転じてマルクスに移って、哲学の論理は荒廃に帰したとも言う。一時は「カントに帰れ」という叫びもあったが、ヘーゲルの論理はマルクスに移植せられて、僅かに面目を保っている。この見方に対して不服である人々も多かろうが、今や弁証法に非ずんば哲学に非ずという偏見だけは消え去ってしまった。

2　排中律の転換により、論理に新しい可能性を開く構想

思想の論理は西欧のそれに尽きぬ。それは一つの論理ではあっても、人類全体の論理ではない。人類が西欧人に限られぬように、思惟も又ロゴスの論理に限らるべきでないであろう。マックス・ウェーバーはかつて、世界の文化に種々なる理念型(Idealtypus)のあることを強調した。トインビーと共に歴史を人類の歴史にまで高めたことは、彼の功業であるにちがいないが、しかし彼の学績は種々なる文化の類型を枚挙した所にあって、これを

人類の文化にまで体系化することができなかった。人類は一つである。仮令様々な意匠に飾られても、共に人間である以上は、一つに帰属すべきでなければならない。それぞれの歴史は、一つの体系を形づくることに於いて誤ることはないにしても、ただ乱雑に展開するものではない。この問題が如何に論結せられるにせよ、次の一事だけは忘却せられてはならぬであろう。それはこうである。形式論理には三大法則がある(恰も物理学の運動について三法則があるように)。同一律・矛盾律・排中律がそれである。そしてこれらは全く無関連のものでなく、共に同一律から発展した法則であるが、そのうち同一律と矛盾律とは十九世紀までに充分な発展をとげた。そしてその発展は、前者が後者によって増補又は逆転されたということであった。パルメニデスの同一律はその学徒ゼノーンによって受けつがれたが、偶然にも(或いは必然的にも)そこから矛盾律が開発せられた。矛盾の原理は、カントによって不完全として批判せられ、そこからして先験的論理が誕生した。ヘーゲルに到って矛盾律は逆転せられ、その性格を一変すると共に弁証法論理を産んだが、ここに取残された第三の法則、即ち排中律が、未だ西欧の何びとによっても開発されず放置せられている。排中律が転換すれば如何なるか。それを逆転することによって、一つの新しい論理が展開せられるにちがいない。それによってヘーゲル以後の論理は、西欧を越えて、新しい飛躍をなしとげることができはしないか。それが私の若き日からの懸案であり、身の程知らぬ一つの野望でさえあったのである。重ねて言う。西欧の論理は、アリストテレスの形式論理からカントの先験的論理を経て、ヘーゲルの弁証法的論理に発展したが、その以後に於いては何ら新しき論理の創造はなかった。若しそれがあるとすれば、第三の排中律の逆転より外はないのであるが、ヘーゲル及びその後継者にはこれを企てる人はなかった。ヘーゲルに於いては「中」の存在は捨棄せられ、中(Die Mitte)は「媒介」(Vermittelung)に転ぜられ、しかもその媒介概念は依然としてロゴス的なる仲介としてのみ把握せられた。正が反に移行するのは論理の媒介作用に依ってであって、合の形成はそれによってのみ達成せられ、その他に何の方法もあり得なかった。ヘーゲルにとっては中間的存在はない。肯定か否定かの孰れかであって、第三者的な或るものはどこにもない、絶対にあり得なかった。従って、彼によっては排中律の逆転は不可能であり、事実ヘーゲルはこれをやっていない。中は正と反とを媒介する作用としてのみ認められうる。その他の何ものでもなく、況んや中的な存在ではない。存在にして中的なものはあり得ないのみならず、考えることさえもできなかったのである。彼にとっては中は媒介作用として働くのみであるから、モイレン(J. Meulen)の論じた如く[1]、それは「破られた中」(gebrochene Mitte)でしかなかった。その作用は破られたものとしてしか存在しなかった。蓋し媒介とは、自己を破り、ないがしろにして、両者の融和をはからんとするものであるからである。

「中」の存在は、東洋の論理に於いて初めて達成せられた。インドに於ける「中論」の激発が即ちそれである。そしてその最も刺戟的にして徹底的なものは、何人も容認する如く、龍樹(Nāgārjuna)の「中観論」の論理であった。彼は峻烈なる論法を駆使して、事物の二辺を撃破し、諸法の皆空と存在の無化とを達成せんとした。生滅・一異・常断・去来などについての八不は代表的なる一部にすぎない。彼の業績は、誠に、大乗仏教の創説者というその名を恥かしめぬものであるといわねばならない。しかし龍樹の論理は余りに形式的であり、それが鋭利にして直入的であるだけ、それだけ常套的とならざるを得なかった。試みに思え、諸法が生でもなく滅でもなければ果たして何であるか。二辺を破ることによって何がそこに得らるべきであるか。それはそれでよいが、留意すべきは、彼の論法そのものが依然としてロゴス的なる臭味を脱しないという一点である。諸法は生であるか滅であるかの孰れかであるならば、それはロゴスの肯定と否定との対立と異なったものではない。果してこの論理からして、二辺を超越する大乗の論理が直ちに期待できるかどうか。仮に龍樹の論証が単なる方法的なるものにすぎないとしても、そこからして、一乗の真理が開顕せられるかどうか。我々はこの点が、龍樹について特に不安である。もしもただ破却的否定に終始するならば、仏教は一種のニヒリズムとなって、大乗の積極性は失われんとするのである。龍樹の中論は、「中」を開示する端緒として有力ではあるが、未だ中道の真意を得ていない。彼の論説は、ロゴスの論理を破砕することに於いて偉大であったが、未だ「中」の何たるかを我々に開示するものではない。彼の「中観」はさらに「絶観」に転進しなければならない。絶観は「中」の内にあるに非ずして、これをも絶するところにあるというべきである。それはロゴスからレンマの論理に移行することに於いてのみ、可能であるというべきではないか。

3　レンマの論理体系の意味

ロゴスの論理は二辺であり、その孰れかにつくより外に途はなかった。それは明らかに中の存在をみとめないものであり、これを法則化したものが、排中律又は拒中律であった。この第三の論理法則を逆転するのは何であるか。何がそれを転じて中道を樹立することができるか。それが我々に残された最大にして最要の関心であり、問題でもあったのであった。我々はここに於いてロゴスの論理のほかに、レンマの論理に到達せざるを得ぬ。ロゴスには単に肯定と否定との二があるのみであって、その外に何ものをも許さないが、レンマの論理に於いては、その他に、肯定でも否定でもない第三の立場が認められるのである。そしてそれ故にそれから直ちに、肯定でもあり否定でもあるところの第四の立場が獲得せられうるのである。それがレンマの論理的体系であった。ロゴスのそれとは明確に区別せられ、明晰に認容せられるべき一つの立場であったのである。この四つの区別(四句分別と称せらる)は、単に人間の考えるところの思惟の方式ではない。そう考える限り四句の区別は単に文法的であって、論理的たることができない。それ故に四句分別とレンマの論理とは、似て非なること天地の差別にもまさる。単なる分別と見る限り、それはサンジャヤ等の外道にすぎない。アマラー・ヴィケーパ(amarā vikkhe-pa)であって、論理ではあり得なかった(この点に関しては、拙著『ロゴスとレンマ』、六九―七一頁、参照)。四句は単に分別せらるべきではなく、論理として体系化せらるべきである。即ち、第三の両否論が中心となって、その他はこれによって体系づけられねばならない。かくすることによって通俗的な思惟方法が学的論理となり得るのである。それにしても、第三のレンマから第四のそれが導出せられるのは何によってであるか。それはcausaの法則ではなくして、becauseの論理であることは、後に詳述せられるべきであろう。ここでは、それが自然科学の因果律でもなければ、又はロゴスの論理でもないことを明説するだけで十分である。「故」の論理[(2)]が直観的であり、さらには「即」の論理であることも後論に待つ。それは決して俗論でもなく、神秘でもなく、平常にして広汎に用いられた論理であることを予め一言しておこう。更に言い忘れてならぬことは、それが「根拠の論理」であることであり、それが形式論理の三法則の他に、如何なる意味を、なかんずく存在に対して、又はそれについてもつかということが、次に問題とせんとすることである。

三　「存在の論理」と学説史的反省

1　「存在の論理」提唱の必要性。思惟および存在の根本原理としての同一律

思惟の論理はアリストテレス以来、思惟の三法則によってつくされている。――少なくともそれを中心として展開せられ、それらを基軸として批議せられ今日に及んでいる。しかし人間の論理はその他に尚存在の論理を残している。思惟と存在との関係が如何にもあれ存在の論理は必ずしも思惟のそれとは同一ではなかった。哲学の論理は三法則を批判し(カント)、或いは逆転せしめるところ(ヘーゲル)にあったと考えるのが私の持論であるが、尚その他に存在の論理というものがなければならない。存在の認識についてではなく、存在そのものの論理がなければならない。それは近世の初め、ライプニッツによって提唱せられたものであるが、存在がそれ自らとして、それ自らに於いて存在するのは如何なる理由によるか、その根拠を問わんとするものであり、存在そのものの論理として重要なものであり、恐らく第四の論理としてアリストテレスの三原則の外に立つべきものであろう。同一律・矛盾律・排中律のほかに、またはその上にまさに存在の論理として新しく考慮せらるべきであると思う。

殊に現代に於いて「実存の哲学」が盛行するとき、存在とは何であるか、存在と思惟との関係は如何にあるべきか等々が問われ、新しい意味に於いて存在が思惟に先立って、又はそれと相並んで問わるべきこととなって来た。私はこの点について同一律を重視する。それは思惟の原則であるのみでなく、存在の根本法則でもある。も

のを考えるというのはAがAであるということを考えることであり、しかもそう考えることがそのものの存在を、そこにあることを、実証する。我々は無きものを思惟することはできない。ものは先ず何ものかであるよりも何ものかとして存在しなければならない。何ものかとしてあることは或るものとして与えられてあることである。そして或るものとは即ち在るものでなければならなかった。

ものの何であるかを問うことが学問の最初の——そして中心的な仕事であるとすれば、それが何ものかであるためには先ず何らかのものとして存在しなければならない。

ものの何であるか、如何にあるかを研究せんとする学問はそれ故に「存在の論理」を出発点としなければならぬ。単にこれを出発点とするのみならず、それを根拠とし且つ目的としなければならない。そして在るということは、そう考えることによってでなく、そのように在るが故にそう考えざるを得ないのである。先ずこの点から我々は出発しよう。

思惟の論理の第一則は「同一律」(Satz von Identität)であり、形式的にいえば「AはAである」ということである。しかしそれが論理である以上何故にそうであるか、なぜにそうでなければならぬかが解明せられねばならぬ。しかし何故に花は花であるか、この花は何故に赤くあるかといって問われても、我々は答えるすべを知らぬ。答えることができはしないのである。この問いが答えられ得ないのは、それが他によって答えられうるものでなく、それ自らによって、それ自らとして答えられるべきものであるからしてである。この命題が問わるべきはそれがそのようにして与えられてあるからしてである。それに答えられるものはそれ自らのみであって断じて他の何ものでもない。Aは何故にAであるか。AはAであるからしてそうなのであって他に理由はない。それはそれ自らによってのみ根拠づけられる。根拠づけられるのはそれ自らであり、それ自らによってであり、その他の何ものもこれを可能にするものはない。有り得ないのである。それ故にこそそれは、論理の第一の原則であると共に存在の原理でもあり得るのである。

してみれば同一律は論理の根本であるのみでなく、また存在の第一原理でもなければならぬことが分明するであろう。AがAであるという思惟の根拠はAの存在にある。実際にAがAであるからしてである。Aがそのように在るからしてAはAであると言わざるを得ないのである。何故にバラは赤いというか。それはそのバラが現に赤いからである。バラは種子が蒔かれ土壌や肥料が加えられることによって花咲くが、土壌や肥料は必ずしも赤くはなく美しくもない。原因や条件からしてこの理由を説くのは自然科学の立場からしてであった。直接に端的にそれが何故であるかは自然科学の説明し得ぬところである。その理由は神のみぞ知る。ソロモンの栄華も一茎の野花にしかざるかと嘆ぜられたのもそれ故ではないか。

それ故に言う、AはAであるということは即ちAが存在するということである。Aが存在するとはAがAであるということである。この二つは同一のことであった。同一律は単なる思惟の論理ではなく、同時にまた存在の根本原則である。そのことは、同一律が思惟と存在との根本的法則であることを証示して余りあるのである。それは存在の根本性であるとともに又思惟の原則でもあった。この両者がそもそも同一であるというところに同一律の根本性がある。

同一律は単なる言葉の反復でないのみか存在の形式性でもなかった。一見そうみえるのは却ってその根本性を呈示してやまぬものである。この法則なしには凡ゆる存在と思惟も不可能となり、凡ゆる学問はそれを出発とすることなしには一歩も進むことはできぬ。それはまさにその点に於いて根本法則たる名に恥じぬものである。それは存在があると共にそれ自らであることを主張する。存在が論理の根拠であって論理によって存在があるのではない。両者の関係は因果関係でもなく、又相依相待の関係でもない。根拠の法則は自然科学の因果関係でもなく、また東洋の縁起思想とも異なる。それは「それ故に」の関係であり、「それから」の、又は「それに依って」の関係でもない。それはまさに根拠の関係であり、単なる causa であるよりも because の関係でなければならなかった。それはまさに「その故に」の関係であって、ものとことに亙って凡ゆる関係をささえている。

存在とはしかし何であり、如何なるものであるか。この問いは既にそれ自らそれが何であるかを示している。この問いは〔存在が〕何であるにせよ、とにかく何かであらねばならぬことを示現している。

存在とは何であるかに先立ってそれは存在でなければならなかった。存在とは存在であるということほど意味深いものはない。

それは同一の判断であり、それがそれ自らであるが故に自同的であり、自明的でさえある。存在は自同的であるが故に存在であり、自同的であることなしには存在としてあり得ぬ。存在は存在であるが故に、そしてそれであるからして存在であり、存在としてあることができる。存在は先ず存在としてそれ自らに於いてあるが、しかしそれ故にそれは凡てに於いて在るものでなければならなかった。なぜなら凡てのものは有るものであると共に、或るものであるべきであるからしてである。西洋では或るものと在るものとは別であるが、我国では両者は共に「あるもの」であって、在るものにして或るものは同時に或るものとして在るものであり、共に同一語の「ある」によって表現せられている。それは恰も「もの」は物であるとともに者でもあるが如くにである。日本語は決して哲学用語としても劣ったものではなかったのである。

存在は或るものとして在るが故に、また在るものとして或るものであるが故に個物にして一般的であり、一般的にして個物でもあり得るのである。それ故に存在はまさしく凡ゆるものでなければならなかった。凡ゆるとは在りうるところの凡てであり、凡てのものはとにかく在るものであったからしてである。

2　トマスにおける存在——「在りて在るもの」

トマス・アクィナスはそれ故に存在を「在りて在るもの」として定義した。彼にとっては存在とは単に在るものではなく、在りて在るものとして定案せられた。この表現はもちろん単なる反復ではなく、また重複でもない。トマスにとっては存在は単に或るものではなく在りて在るものであったが、それは何であるにせよ、単に在ることによってではなく在りて在るものと定義せらるべきであった。それは何故にであるか。それは単に既にあったものが現にあり、現にあるものがやがて在るであろうものである、という時間的規定を語っているのであるか。在るということは時間によって規定せらるべきではなく、何よりも先ずそれ自らによって規定せられねばならない。たとえ存在は時間に於いて流れるものであっても、時間によって規定せらるべきものではない。過去から現在に、現在から未来に流れるものは時間であるが、存在はたとえそれの中にあってもそれによって規定せられるべきものではない。存在はそれ自らに、それ自らに於いてあるものであって、必ずしも時間に依ってあるものではない。またそれはそれがたとえ場所にあってもそれ故に場所でないのと同様に、存在は他に於いて又は他によってあっても、esse はそれ故に他のものではない。それはあくまでもそれ自らに於いて(in se)あり、それ自らによって(per se)あり、それ故にそれ自らなるもの(se ipsum)でなければならない。

しかし「在りて在るもの」というトマスの定義は在ることを原因として存在が生ずることを意味するものではない。それは因果関係ではなくして、どこまでも存在それ自らの関係であらねばならぬ。存在とは何であるかが問題の凡てであって、それがどこから、何を原因として来ったものであるか、何を目的としてあらんとするのであるか――凡てこれらの問いは無用であるばかりか、無意味でさえあるであろう。無意味であることさえ一つの或るものであるとすれば、あらゆるものは先ずあるものでなければならぬ、即ち存在であり esse でなければならない。

我々はまた一つの存在である。しかし我は或るもの、或る人であっても、単なる存在ではない。我は在りて在るものである。どこをおさえても存在であり、どこまで行っても存在である。そうであることは勿論、そうでないことも一つのことであるから、凡ゆるものは存在であり、エッセであらねばならない。無いということも一つの或るものであるから、凡ては在りて在るものでなくてはならぬ。しかしトマスはこの思想をどこから得たか、何にその由来するところをもったのであるか。彼はこの思想をそれ自らにそれ自らとして得たというならばそれまでであるが、そういう思想から出発し、そしてそれを中心としたトマスの哲学は何であったか。彼がそれに関して、その思想はシナイ山上においてモーゼが神から得たものであると言ったということは有名であるが、それは如何なることであるか。思想家としてのトマスの先蹤はアリストテレスにあることは余りにも有名であろう。もっとも彼の思想の系譜を専らアリストテレスに求めることは近時二、三の研究家(Krämer, *Platonismus und hellenistische Philosophie*, 1971)によって烈しく反駁せられたが、しかしトマスの史的位置と彼の性格から推してトマスが中世に於けるアリストテリアンであることは殆んど常識となっている。少なくとも、彼がアリストテレスの存在論を中世に於いてキリスト教化した第一人者であることは誰が目にも明らかであろう。

プラトンの思想はアウグスティヌスによって、アリストテレスの形而上学はトマスによって、神学化せられ神の立場に於いて受け取られた。それが即ち西洋中世を支配する中心思想であった。そのような系譜的理解は極めて粗漏であり旧套を脱し得ぬものであるが、特にこれを主題としない限り大なる過誤に陥らぬと言ってても許さるべきであろう。

3　アリストテレスにおける存在——本質の問題

さてそのような理解の上に立ち、トマスがアリストテレスから受け継いだものは何か、を問おう。だが、この問題を周到に論究するよりも我々は焦点を「アリストテレスの存在の概念は何であったか」ということにあてて、専らそれに集中せんとする。ところがアリストテレスは屢と言った、「存在は種々に語られる」、「ものが存在するということには種々なる意味がある」と。彼にとって存在が様々に語られることは存在に種々なる意味があるということと同一であった。存在があるということは存在が何らかの意味をもつということである。意味をもたぬものは存在とはいえぬ。意味なしには存在について語ること不可能である。存在は様々なる存在の仕方をもつ、何らかの仕方をもつことなしには何ものも具体的に語ることを得ぬ。たとえ存在は存在であってもその何たるかは何らかの存在の仕方なしには語られ得ぬ。存在の仕方とは即ちその意味であるに外ならなかった。存在とは意味ある存在であり、凡ての存在は意味なしには存在することができぬ。

存在は種々に語られる。それは存在が様々なる意味をもつということであった。それ故に存在と意味とは一つであると言えそうであるが、そこまで極言することは行きすぎであろう。少なくとも存在とその意味とは常に相伴って不離な関係にあるということだけは確かである。それに先立ち意味とは何であるかということが問題になりそうであるが、我々はとりあえずアリストテレスに従って「意味とは存在の仕方」であると理解しておこう。そして存在は種々なる存在の仕方をもつことなしには存在しないということも承認しよう。

ここまでは、我々はアリストテレスに従順についてゆけるが、ここに於いて一つの躓きの石にひっかかる。それはこうであった。存在はそれ自らとしてそれ自らに於いてあるものである。しかるにそれが種々なる存在の仕方を有し、しかもこの仕方に於いてのみあるとすれば存在とは果して何であるか。種々なる存在の仕方を外にして存在というものはあり得ないか、或いはそれは単なる抽象にすぎないものではないか。存在の仕方を離れた存在はたとえ存在そのものであっても実際は存在し得ぬのではないか。近代的にいえば、それは本体と現象との区別であり物自体と現象との差別であろう。しかしアリストテレスはそうは言わなかった。それに比してもっと具体的に、又は根本的にこの関係をとらえて次の如く言う。物自体としての存在はそれ自らによってあり(καθ' αὐτό)それ自らとしてあるものであるが、現象は附帯的存在(τὸ ὂν κατὰ συμβεβηκός)である。そしてここに言う附帯的とは、外から附着したものであり、いちじるしく偶然的な性格を帯びている。συμβεβηκός という形容詞は動詞 συν-βαίνω から由来したものであるから、偶然に出会ったというほどの意味である。シュヴェルクラーは単に「関係する仕方」(Beziehungsweise)と訳し(Schwelgler, *Metaphysik des Aristoteles*, II 30)、ブランディス(Brandis)もこれに従っているようであるが、それでは不足である。そこではただに出会うの意の外に偶然的な結合の意味が強く出ている。それは附帯的であるのみでなく附会的の意味をもっている。存在が存在する仕方にも様々なものがあり、単に偶然的なものは本質的なものと明別せられる。例えば六という数は三に対して二倍であることは必然であるが、集まる人が唯三人であって定数に充たないのは偶然的な存在の仕方である。物そのもの(*τὸ ὄν καθ' ἀυτό*)と附帯的存在とは決して本体と現象との関係ではなかった。本体から現象が如何にして生起するかは如何に強弁しても我々を説得する力はもっていないが、種々な存在の仕方が存在そのものを前提すべきことは当然であり、我々のラチオを満足せしめるに十分なものがある。ただ凡ての存在の仕方にこの理があるのではなく、単なる偶然的仕方は勿論必然性をもっていない。あるべき存在の仕方ではなく、あるべからざる仕方が起るか又はこの孰れでもない偶然的存在の仕方が附帯的であるにすぎない。

行為にはこの区別の歴然たるものがあるが、存在の思想にもまたこの区別は明別せられねばならない。アリストテレスの形而上学は決して本体と現象との学ではなく、具体的な存在とその「本質」との関係の学として登場した。

アリストテレスにとって形而上学とは存在を存在として、存在を存在である限りに於いて研究するところの学であった。存在は種々に語られ様々なる意味に於いてその仕方をもつが、つまりは存在とは何であるかという問題に究極する。それは要するに存在の本質を明らかにせんとする学問であるに外ならなかった。それは現象と本体との学にあらずして「存在とその本質」に関する学でなければならなかった。本体は本質の機能に転換せしめられたのである。そしてトマスの若き日の著書はまさに『存在と本質について』(De ente et essentia)であったことを思えば、彼が如何にアリストテレスの忠実なる後継者であったかは歴然たるものがあるといわねばならぬ。

さて然らばアリストテレスの「本質」とは何であったか。彼はそれを定義して *τὸ τί ἦν εἶναι* であると言う(Aristoteles, *Metaphysica*)。直訳すれば the what was to be であり「かつて在ったものの現に在るところのもの」である。本質とは単に「有るもの」乃至は「或るもの」ではなく、「かつて在ったものの現に在るもの」である。それは既に過去に在って現に在り、未来にあるであろうものである。単なる存在でなく凡ゆる時に於いて(従ってまた)凡ての所に於いてあるものである。それは偶有的に附帯的にあるものではなく、それ自らに於いてあり、それ自らとしてあるものでなければならない。単なる存在ではなく、まさに本質であり、存在といわれるべき所以のものでなければならない。存在は種々に語られ、ものが存在するとは様々なる意味をもつが、それぞれの存在の仕方でもなく、またその種々なる意味でもなく存在そのものであり、これらの仕方と意味との、よって以てありうる根拠でなければならない。単なる論拠ではなく存在の根柢となる「在る」ものでなくてはならぬ。トマスがそれを定義して「在りて在るもの」と言ったのはまさにこの意味に於いてであったと見るべきではないか。トマスの定義はただ「在る」ことの反復ではなくアリストテレス的に「かつて在ったものの現に在るところのもの」の意味に解すべきではないか。ドイツ語の本質即ち Wesen は gewesen から由来することは明らかであるが、それは sein の過去分詞であり、かつてあったものの現在であることも明らかにすぎるであろう。もしトマスにそのような内意があったとすれば、彼の本質の概念はいうまでもなくアリストテレスからの系譜を引くものと明言して差支えないであろう。

四　トマスにおける「本質」概念を「存在」の根拠と解釈する試み

1　トマス哲学の根本概念「エッセ(esse)」と「エッセンチア(essentia)」

トマスの哲学の根本概念はエッセ(esse)であるが、それが何であるかをよりも、それと本質(essentia)との関係が如何にあるかを先ず問うことが何よりも大切であり、この問題が解明せられることにより、これらがそれぞれに何であるかが明らかとなるのである。言語上の用法からすれば esse から essentia に至ることは極めて容易であり、それは *εἶναι* から *οὐσία* に移ることより、さらに当然であるように見える。なぜなら essentia は esse の文法的変化に外ならぬ。エッセは動詞の不定法であり、それの定着せられたものがエッセンチアであるに外ならぬからである。存在するということがまさに存在となることは極めて至当であり、そこに何の疑義もない。むしろ存在することと存在するもの(存在者)との区別ほどの距離さえもなく変化もない。存在者は ens であって esse ではなく、両者は勿論明別せらるべきであるが、esse と essentia とは内属的関係にあって峻別せらるべくもなかった。しかるに essentia はもはや存在でもなく、存在者でもなく、特に「本質」として把握せられるのは何故にであるか、本質は存在と異質的にあるか、或いはただその変様であるのか。

結論を先取りしていえば本質とはもはや存在ではなく存在の本質であり、単なる本質的存在ではなく esse の根拠(Grund)であると考えられる。そう考えるのみでなく、そうであり、又はそうであるべきものであることを我々は以下に論述しようとするのである。

しかし本質についてのこの解釈を徹底してトマスの存在概念を鮮明ならしめる企ては容易なことではない。エッセはトマスの中心思想であることは明白であるが、トマス自身はそれについて語ること尠く、それが何であるかを定言することが殆どない。それは余りにも平明であるから詳説する必要はないと考えられたか、或いは余りに根本的であるが故に論説を許さぬと考えられたか。それにしてもトマスの『スンマ』は余りにも厖大である。『スンマ』第一部三問四項には「エッセは二つの意味に於いて語られる、一はエッセのアクトゥス(actus essendi)を意味するが、第二は命題の結合(compositio propositionis)を意味する」(トマス・アクィナス『神学大全』、第一冊、高田三郎訳、六四頁)という。これは通俗的に解すれば主語としての存在とコプラとしての「ある」ことの区別であって、エッセとは何であるかを明らかにしたものではないであろう。ただ玆に注意すべきことは、「ある」ということは事物そのものの働き(actus)としてのみではなく、一つのものを他に帰属せしめる関係として考えられているということである。主語となって客語とならぬ或るものの存在の外に、客語が主語に連結せらるべき関係も又「ある」によって表現せられる。平明に言えば「がある」ことと「である」こととの区別である。事物がそこにあるのみでなく、事物の何であるかは主として「である」ことによって説明せられる。「がある」ことは存在であるが、「である」ことは判断の決定であると言う。

トマスに於いて既にこの区別に注目せられたことは我々にとっても貴重である。バラの花の赤さは単に「赤」として存在するのではなく、バラの赤さとして、赤いバラの花として存在する。本質とは事物の本体ではなく、事物のそれによって、またはそれにおいてあるところの基体でなければならぬ。さらにつきつめて言えば、それは何ら本体的な存在ではなく、現実なる事物の存在の根柢(Grund)的なるものでなければならない。トマスは言う、sed essentia dicitur secundum quod per eam et in ea ens habet esse.(*De ente et essentia.* 1. 3)(3)。

古代に於いては本体(substance)と現象との区別であったものが、トマスでは現実の存在とその根拠的なるものとの関係として把えられた。本体とは根柢に立つ(stans)ものであったが、単にそこに立つものではなく、根柢に横たわるもの(hypo-keimenon)となり、さらにただに横たわるものであるよりも根柢的に存在するものとなったことがトマスの立場であると言ってよいであろう。それは事物の本体ではなく、存在の根拠であるからして、根拠の法則が茲に到って擡頭して来たわけである。私はこの法則の系譜をトマスにまで溯らしめ、さらにライプニッツの「根拠の法則」の淵源をトマスに於いて見出さんとする。これは余りに飛躍に過ぎて、或いは思想史家の冷笑を買うかもしれない。トマスとライプニッツとの間には時代の隔たりがあり且つ史実の連絡を欠くという批難は素より予期しているが、それにも拘らず思想的にはライプニッツの哲学は思想の論理ではなく、存在の論理を立場とすることとは大方の承認を得ることと思う。

トマスの存在論は「エッセ」が何であるかを直接に定義していない。従ってトマスはそれを如何に考えていたかは容易ならざる問題であるが、ただ一つ明らかなことは、エッセをエッセンチアとの関係に於いて常に論じていることと、essentia を esse の根柢として理解しているということである。エッセは勿論エッセンチアに直属し、そして具体的につらなるものであり、エッセンチアなしにはエッセは存在し得ぬと考えていたにちがいない。存在は常にそして必ず本質によって支えられていなければならぬ。本質のない存在は「今日はかなたの岸に咲く浮草」であるにしかすぎない。存在は何よりも本質による存在(esse per essentiam)でなければならぬ。それが即ち「存在そのもの」(ipsum esse)であった。存在はイデアを分有することによってではなく、それ自らによって、それ自らに於いて存在するものでなければならなかった。

そしてそれ自らに依る存在とは、いうまでもなく自らの根拠をそれ自らに於いて有するものであるが、トマスに於いて特に注意せらるべきは、彼の存在が「それ自らに於いてありながら、それによって在らしめられてあるもの」ということである。それは自らに於いて存在しながら、恰もそのことによって存在しているということである。彼が存在を「在りて在るもの」というのはまさにこのことであり、その他の何ものでもなかった。在りて在るというのは単に在ることの重複ではなく、在りて在らしめられるということである。在るものがまさにその根拠をもつということである。

然らば在るものは何によって在らしめられるのであるか。それはそのように与えられてあるものではあるが、これを与えるものは何であるか。この問いはキリスト者であるトマスにとっては答えるに困難なるものではない。それは神によってであるということである。神を措いて外に何がありうるかということがトマスによって直ちに答えられる。神は存在の根拠であるということがキリスト者の即答であり、ゆるがざる信仰でもあった。

それはそれでよい。しかし若しそうならば神は如何にして凡ゆる存在の根拠でありうるか。神が万能である限りこのことも容易であろう。しかしそれにしても神は如何にして存在の根拠となるのであるか。

神とは何であるかという問いよりも、先ずこのことが我々にとって重大であり、何よりも先ず問わるべき問題でなければならない。神が何であるか、という問い――更には神が在るかという有名なる問題も、実は茲に始まり、それによって解答し得らるべきであろうからしてである。

さてこの問題が如何に答えられるにせよ先ず考慮せらるべきは、存在はかくして存在せしめられたものと存在せしめるものとの二つに分裂するということである。

存在はトマスによって「在りて在るもの」として啓示せられた。存在は単に有るものではなく「在りて在るもの」である。アリストテレスに依っては曾て在ったものの現にあるものとして定義せられた。プラトンにとってはそれはウーシア(ousia)であり、アリストテレスにとってはサブスタンス(sub-stance, Substanz)であり、インド人にとってはanu-śayaであったが、トマスにとってはそれは何であったか。

ここに於いて存在と本質との関係について一顧せらるべき場合に臨む。言語上から言ってエッセンチアはエッセの名詞形でありエッセからエッセンチアに至ることは極めて自然であり容易でもあるが、この両者は同一であるか又は別なるものであるか。ジルソンによれば両者は同一ではなく、むしろそれらは由来するところを同じくしても現実に於いて全く峻別せられるべきであるという。そしてアウグスティヌスに於いては同一であったがトマスによっては峻別せられ、むしろこの点にトマスの特色があったという。この説に対し真向から反対するのはアンダーソンであって、この両者の関係についてはアウグスティヌスとトマスとはちっとも変らないと力説する(Anderson, *St. Augustin and Being*)。山田氏はアンダーソンに与して同一説を陳述するが、私はむしろジルソンの見解をとりたいと思う(山田晶『在りて在る者』、第一五・一六章)。その理由は次の如くである。ジルソンは伝統的解釈に従って、アウグスティヌスはプラトニストでありトマスはアリストテリアンであったからして、存在と本質の関係については異なった立場に立って解釈した、と見做しているが、近代史家(Krämer や Anderson等)はこの通説を認めない。彼らは、アウグスティヌスはそれほどのプラトニストではなく、トマスもそれほどのアリストテリアンではなく、両者の学説は必ずしも対蹠的でなく、むしろ多くの共通点をもっているからして、アウグスティヌスとトマスとの「本質論」についても、さほどの異別を認める必要はないという。原典の綿密な研究からこのような解釈が齎されたことは十分に顧慮しなければならぬが、しかし時代は常に変転し進歩してやまない。トマスとアウグスティヌスとは比較的時代を近くしているが、それ故に同一の立場にあるとはいえない。私はむしろジルソンの説をとって、トマスの「エッセからエッセンチア」に至る経路には、アウグスティヌスとは異なった筋道があったと見るべきではないかと思う。

2 「存在—本質」関係を理解する新方向——「エッセ」から「エクシステンチア(existentia)」へ

トマスには存在からエッセンチアに至るもう一つの新しい道があった。トマスの時代からして一つの新しい存在概念が擡頭して来たということである。それは existentia という概念であった。勿論それは何びとによって創説されたかは確実に定め難いが、存在のこの概念がトマス前後の時代からして擡頭して来たということ——そしてそれがトマスの思想に於いて重大な意義をもつようになったことを、我々は主張せんとするものである。

「エクシステンス」は現代の哲学に於いては「実存」と訳せられ盛んに使用せられるようになったが、勿論中世のそれはそれとは無関係であって、中世にも「実存主義」があったなどというのは滑稽に類するものであるにちがいない。しかしエクシステンチアがエッセに代って——適切にはそれと相並んで用いられるようになったことは、我々にとっても重大であり、ジルソンがそれに注目したことはアンダーソンのいう如く無駄なことではなかった。

existentia は語源的には ex-sistere から由来し、何ものかからそれが生成することを意味する。生起の概念には種々なる意味があるが、特に重要なものは「何かから」という ex の意味である。そこに於いては在るものは単に存在するものではなく、何かから生起したものでなければならない。即ち存在は原因と結果との関連に於いて考えられ、因果関係として把握せられる。エッセはこれを生起せしめる原因と生起せしめられた結果とに分析せられ、然る後に両者の関係が設定せられる。そこでは存在よりもこの関係が重視せられ、本質は原因であり、存在は結果となる。神は存在の根拠ではなく、その原因でなくてはならなくなる。神は人間の原因であり、人間は神によって創られたものであるという。創造は単なる生成ではないが神の創造である。そしてここに於いて神は創造主となり凡ゆる存在を造出する。人間は神によって創出されたものとしてまさに神の子であった。神は在りて在るものでなく、在りて在る者でなければならぬ。者はものの一つであるよりも先ず者であって物ではなかった。

後に詳述したい点であるが、このことが宗教を形づくる重大なる要素であることを特に注意しておきたい。因果関係はもとより自然科学の根本法則であり、自然科学的存在は物と物との因果関係であるに外ならない。ところが宗教は者と者との関係であって、神は存在するものであるよりも存在する者でなければならない。トマスは神を定義して在りて在るものとしたが、それはただに神が全存在であるというのみでなく、神を存在する者として把握したのである。この定義はモーゼがシナイの山上に於いて神から啓示せられたものであるが、トマスはそれによって神の名を知ったのみでなく、神の何たるかをも覚知し得た。神は何よりも物でなく者でなければならなかった。神の言葉は Ego sum qui sum. であって、我は在りて在る者であるということであり、単に在りて在るものではなかった。在ることの最も広きものであるのではなく、「我は我として在り、者として在る」ことを宣言しているのである。

それ故に神は単なる原因でなく、神と人との関係は原因から結果が生成する因果関係でもなく、神の創造であり、愛による人間の生誕であると理解せられる。愛なくして神は人間を創らない。神は愛であった。

自然は愛憎を無視してただ原因から結果を生ずるのみであるが、神の creatio はそのような物と物との必然的関係ではない。神は単に在るものではなく、在りて在るのは啻に存在の重複ではなく、神によって造られたもの(即ち creatur)であり、神はこの創造によってのみそれ自らも存在し、神は神であることができるのである。創造なき神は神ではない。神の存在の証明は創造によってのみ成立する。それが愛であり、愛なくして神といえども存在し得ぬ。自然には愛憎はない。太陽の光は善人と共に悪人をも照らす。

しかし神の創造には愛があり憎もあり、しかもこの愛憎をつつむ大愛によってあるが故に、神は物ではなく者であり得たのである。神にとっては存在よりも愛がさらに重要であった。それによってのみ神は「在りて在る者」となり、モーゼに対して「我は在りて在る者」と宣言することができたのである。

茲に於いて神は創造主として人間を超越する。人は神によって造られたものとして被造者となる。この分裂は悲しいものであるが又同時に貴く、楽しからざるを得ぬことである。神は創造者であり人間は被造者であることは凡てを物の順序としてではなく、者のヒエラルキーとして位置づける所以であるが、我々はそのためにここに於いて一つの転回を試みるべき場合に臨んでいる。

それは次のようにであった。

トマスに於いてはエッセがエッセンチアに直属するが、我々はここに一つの問題を見出す。神は創造者であり人間は被造物であり、両者は存在の体系に於いて隔然たる区別に置かれている。神は何故に、また何によって人間をつくり、さらに万物を創造したのであるか。人間は存在であり神は本質であるとすれば、本質は如何にして存在に関係するか。単に関係するよりも何故に存在を造ったのであるか。本質と存在との関係がそもそも如何なる関係にあるかは一見するほど容易な問題ではなく、単に esse と essentia との関係のように率直にして端的ではあり得ぬこととなった。この意味に於いて神と人間とは懸絶に於いてあり、両者の関係はトマスの考えたように安易なるものでないことになるのである。

そしてこの問題を解決すべき方向は、トマスの esse を existentia に転ずることによって展開せられる。恐らくはそれが問題の進展についての唯一の方向であるであろう。

尤もかく言うのは、それ故に existentia の思想がここに起り、或いはトマスによって意識的に導入せられたということではない。むしろトマスにはそういう志向はなかった。それは彼によってではなく、時代の推移によって漸く擡頭し来ったと見るのが正しい史実であろう。エクシステンスの思想がそのように擡頭し来ったことは、時代の推移によってであって、何びとがこれを創説したか、また如何に論述されたかまでは茲に詳論することができない。ただ中世の初期に於いて existentia の思想が既に見られ、トマス以後に於いてかなりに問題となったことを、多くの学者の研究によって知るのみで十分である。

五 「エクシステンチア」の歴史と意味。「エッセ」の根拠としての「エクシステレ」

1 名辞「エクシステンチア」の歴史

existentia という語が初めて哲学の文献にあらわれたのは、ジルソンによれば(『存在と本質』安藤孝行訳、四一三頁以下)紀元三、四世紀頃の人 Chalcidius の、プラトンの『ティマイウス』の翻訳に於いてであるという。彼は τῷ δὲ ὄντως ὄντι という語(*Timaeus*, 52c)に註してプラトンの存在概念について三つの区別を説き、その第三種として existentia という語を用いた。何故に彼が ens を用いないで特に existentia という語を採用したか、またその意味がどれだけ ens とは異なるかは不明であるが、とにかくこの語の創始者はカルキディウスであったらしい。しかしこの語の女性単数名詞はこの時代に既に通用されたものと見えて、同世紀の人カンディド・アリアン(Candid Arian)の著書にも二、三見えている。例えば Nulla enim neque substantia neque substantialitas, neque existens neque existentitus, neque existentia neque existentialitas... (Canditus Arianus, *De generatione divina* I, PL 8. 1013)(4)。

ここに用いられた existentia は明らかに substantia から区別されたものであり、紀元四世紀頃からして existentia という語が一つの新しい「存在」として用いられたことは大体に於いて認められてよいようである。しかしこの時代には existentia の特殊な意味は未だ十分に自覚されていなかった。それが思想史的に顕著となってきたのは、恐らくサン＝ヴィクトールのリシャール(Richard de Saint-Victor)の時代になってからであると言う。この人は十二世紀頃、パリのサン＝ヴィクトールの修道院に於いて有名なユーゴー(Hugo)の後継者としてあった人であり、かなり知られた神秘主義者である。

existentiaという名詞はexistereという動詞から転化したものであって、sistereにexを加えて作られたものである。——まず自己の中に存在をもたず、他のものに内在することはinsistereと言われるが、他のものから離されて出て来ることはexsistereと名づけられる、それは他のものからsistoしたものであるから。sistoというラテン語は元来、そこに置く、又は据えられる(set up, fix)の謂であり、従って他のものからそこに現われてあることが即ちex-sisto, existoであった。それ故にエクシステンチアとはそれ自らに於いて存在をもつものではなく、他から引き出されたもの又は他から出て来たものである。従ってこの名詞の中には物の性質に関する考察と物の起源に関する意味とがふくまれている。Alexander de Hales(一二四五年歿)は言う、「existentiaという名詞は起源の秩序を伴った本質を意味している」。

第二に、existereから由来して、第二次的で非本来的なフランス語のexisterの意味にとられたexistentia、例えばゲビロール(Gebirol)(5)の『生命の起源(Fons Vitae)』の中に出会われる意味がある。しかしここでは「それはそれ自身現勢的に実在する(existere)が、偶有性はそれ自身は実在(existentia)とは考えられない。esseは質料の中にある形相の実在である」という言葉にも注意せらるべきである。ここではゲビロールはまだ率直に起源の意味をこの語に含ませているのである。

ジルソンによれば、このようなexistentiaやexistereの意味はトマスには未だ現われていないが、彼よりも少し後れて世にあったジル・ド・ローム(Gilles de Rome)は esse と existentia との間に明晰な区別を設けて次のように言っている。「あらゆる物はそれの essentia によって ens である。しかし被造物の本質は完全な活動であるとは言い得ないで、esse に対して可能態に於いてあると言われるのは何故であるか。そのわけは、本質はこの現勢的なものが実在するに十分でない……。物は本質又は本性がエッセによって補足せられて実在する。その点からしてそれ自らうけとられた存在(ens)と実在者(existens)とがどのように違うかは明らかとなる。」こうして存在はその本質にエッセが付け加えられるおかげで実在する(existere)。そこから actu existere ということが完成するのである。とにかく esse essentiae と esse existentiae との論争が烈しく起ったのはこの頃のことであり、従って existentia という語が頻りに出没するようになったのは十四世紀以後のことである。ジルソンは終りに次の如く語る。「フランス語では existence という語は遅くまで受け容れられなかった。この間の区別を記載したのはシュピオン・デュ・プレー(Supion du Pleix)のみであるが、フランス語にはラテン語の existentia とぴったり一致する語がなかったのである。デカルトは existence という語を何の躊躇もなく使っているが(*Discours de la Méthode*, IV)、それは十七世紀(一六三七年)のことであって、大分後の時代に属する。」

2 概念「エクシステレ」の意味――「エッセ」は「エクシステレ」によって自らの根拠を得る

エクシステンチアという名辞の歴史は大体に於いて以上の如くであるが、さてその思想の綱格は何であるか。それは第一に ex と sistere との二語から合成されたものであるとすれば、何かから出て来た何ものかを意味することは明らかである。単にそこに在るものではなく何かから(ex)生じ何かによってあるものである。

そこに「から」というのは何を意味するか。それが第一の問題であり、次に sistere の意味如何が第二の問題とならざるを得ない。

「から」が from を意味するならば「原因の関係」である。子が親から生れるのは父祖を原因とする。しかしそれは因ってあるものであって由ってあることではない。我々はまず自然科学的立場から惜しみなく離別しなければならない。人間が身体を有する以上、勿論父祖から生れるのであるが、人間が人間としてあるのは啻に肉体としてあるのではない。我々の存在は骨格とともに何よりも人格をもたねばならぬ。人格は単に因果するものでなく自己によって自己に於いて自己自ら形成するものでなければならない。

次に sistere とは何をいうのであるか。sisto は to cause, to stand, to set up 等と訳せられ、定置する、設定するなどを意とする。そしてそれは初めからそこに在ることをではなく、どこからか引き出されて在ることをなかんずく意味するのである。それは ex-eo（から来る）、ex-cedo（から去る）、ex-pellere（から押し出す）、ex-pedere（から足をふみ外す）等々に関係を有する。

さてそれらの中にあって sistere は何を意味するのであるか。sisto は sto (stare) と同根であり、それが定形されて status となり、止った姿、即ち状態を意味することとなる。もともと立つことを意味するが、立ち止って一定の形態をもつに至ってスターツスとして現われるのである。ところが立つことには二つの区別がある。一は立ち止るという動作であるが、他は立ち止っている状況を言う。たちどまることも一種の運動であるが、それが一時的にではなく持続する場合には一つの定形をもち存在態となる。existere とは、なかんずくそのような存在の仕方であった。デフェラリーの辞典（Deferrari, *Lexicon of St. Thomas*, 1033 b）によればトマスの使用法は中々複雑であってスターレの意味に九つの区別が設けられている。一、「止っている」「坐っている」「横たわっている」を原義として、二、「動かずに立っている」「持続している」、三、「静止している」、四、「固執している」、五、「妥当する」、六、「或る分類のもとに置かれる」、七、「両立している」「共存している」、八、「時間的に停滞している」、九、「……の代りに立つ」「代理する」などと。

但しここに注意すべきことはデフェラリーによれば、トマスに於いて「システレ」は一般的用法のように他動詞的意味に於いては用いられず、専ら自動詞的として用いられているということである。この点についてはトマスの原典について綿密に吟味せらるべきであるが、概して言えばスターレとシステレとは略〻同様の意味に用いられながら、特にシステレがexと共にある以上、「から出る」ことが中心となり自動的となり、乃至は主体的に解せられる。スターレはただそこにあることであるが、システレはそのようにあるのは何かから出て来たものであると考えることによって、著しく区別せられねばならない。それは静止しているのではなく、他から発動してそこにあり、そのようにあらわれたものである。「創造」の思想は素より更に奥深く始源を蓄えているが、しかしシステレに於いて既にその萌芽をあらわしていることも注意に値する。

次にデフェラリーの解釈において重要なことは、トマスのシステレが現実の存在をあらわすという点である。エクシステレは先ずアリストテレスの可能態ではなく、あくまでも現実態でなければならなかった。それは何ものかから出て来たものであるが、それ故に何ものでもないということができない。それはたとえ他から起発したものであっても、現にそこにレアルに有るものである。それはアリストテレスの所謂「外にある」(τὸ ἔξω ὄν, Aristoteles, *Metaphysica*, XI, 1065ª, 24)であり、さらに「自らの外に」あるものでなければならぬ。特にこの点を強調したのはシュッツであるが(Schutz, *Thomas-Lexikon*)、この意味のエクシステレをとりあげて存在の現実性と具体性を挙揚したのは、現代の実存主義の哲学であるとも言えよう。

ただし現代の実存主義は勿論中世の存在論と同一視することはできぬ。ハイデッガーは決してトマスの神学を現代に復活せしめようとはしなかった。

我々の関心は中世に於けるエッセとエクシステンチアとの関係である。エッセからエクシステレが何故に発展したか、又は展開せざるを得なかったかという問題である。我々はこの問題に答えて、それは存在が自らの論拠を得たことであると言わんとする。エッセが単なるエッセでなく、根拠ある存在とならんとする所にあると考える。そのためにはエッセとエッセンチアとが明別せられ、次に両者が合一せらるべき理由を明らかにすることが課題となる。存在とは在りて在るものであるとトマスは考えた。しかしそれは、既にあったものが現にある(アリストテレス)ということではなかった。もしそうならばそれは単に自己反復にすぎぬであろう。また現にあるものが未来にあるとは限らなかった。もしそうならばそれは希望にすぎぬであろう。それは存在が存在であるということ、即ち存在が本質的になるということである。単なる過去は或いは錯誤であったかもしれない。単なる未来は空しき希望に終るかもしれない。エッセが存在であるためには、存在があるべき存在でなければならない。それが存在の存在たる所以のものであり即ち存在の本質であった。存在が本質となることは、存在が根拠をもつということである。最も存在的な存在となり、それが存在することに於いて全くあるということである。それは他に因って、或は他に依って、或は他に従属してそうあるのではない。それはそれ自らに於いてそれ自らによって、かく在るのである。それは自らに由ってそうなるのである。その由って来るところに由って、かく在るのでなければならない。自由とは即ちそのことであった。自らがまさに自らして、そしてそれ自らに由ってあることが真の自由である。原因を求めて既に遠く、結果を望んで徒に空しきは、決して自由ではなかった。

六　存在とその根拠との関係——因果・縁起・自由

1　存在の「……から(ex)」的性格を理解するための三つの概念——因果・縁起・自由

前節で、古代に於ける存在の問題の興起と発展とを述べたが、それは凡そ二つの途をたどったことを学んだ。一は存在から本質への発展であり、二は存在から実存への途である。実存(existentia)の概念はもちろん現代とは同一視し得ないが、その発展に於いて特に注意せらるべきは、存在の ex 的な性格についてである。実存とは単にそこにあるものではなく、何かから生成したという考え方である。すなわち、ものがそこにあるのは何ものかからであり、単にそこに投げすてられているのではない、ただ現にそこに与えられていることではない、ものの存在には、よって来たるところがなければならず、ものの生成にはよって以て来たるところの根拠がある、という思想である。そうでなければ、物は勿論、凡てのものはただ浮き草であり、根なし草であるにすぎない。

しかし、それらの存在の根拠はどこにあるか、さらにその根拠が如何ように働くか、それが問題である。それについて先ず考えられるのは、存在が単なる esse でなく existentia であるかぎり、何ものかから生じたということである。物の生成には第一に原因がなければならぬ。花が美しく咲くのは既に蒔かれてあった種子によってである。種子は明らかにその原因であった。しかしその原因からして開花するのは如何にしてであったか。それは種子から花が咲く、親から子が生れるといった仕方である。それは言うまでもなく因果関係である。しかし「よって」ということは、「因って」を唯一の関係とするのではない。「よって」ということには種々なる意味があり、多くの関係の仕方があることを思わねばならない。この関係の仕方は多様であるが、大別して次の三つに要約し得る。一は「因って」であり、二は「依って」であり、三は「由って」である。この三者は共に「よって」であるが、その意味と仕方とを同一にしない。「因って」は「それの原因」としてあり、「それから」生成する、という関係の仕方である。学問はこの関係を究明せんとするものとして、既に古くから着目せられていた。しかし、「よって」という関係はこの(因果の)関係に限られるべきではなく、また実際にも限られなかった。その他に、第二に「依って」の関係がある。それは、主として東洋的な、殊にインドに於ける思考方式として、第一の西欧的なそれとは著しい区別に立つ。「依って」とは拠っての一種であるが、そのよって立つところは「縁って」であり、「相依り相待って」である。兄は弟に依って、それに対して兄であり、弟なき場合には兄とはいえない。夫婦の関係も又その如くであろう。独身者は夫でなく、寡婦は夫人とは言えない。夫を失った夫人は未亡人と名付けられる。未亡の婦人は夫をもたず、曾ての夫に対してのみ妻であり得た。管子には「分敬」という言葉がある。それは夫婦が真に「敬」を分つことであった。妻は夫を敬い、夫は妻を敬い、互いに敬を分つことによってのみ、真の夫婦の関係を完うしうるのである。第二の場合は即ち縁起の関係であった。

「よって」ある関係はしかし、以上の二つに限られていない。さらに第三に、「由って」ある関係を加えねばならぬ。それは存在の根拠を、他に因ってでもなく、他を待ってでもなく、ひたすらにそれ自らによって得んとするものである。それは原因から生ずるのではなく、それ自らに於いて、それ自らに得るところのものである。それ自らにとは、それ自らに於いてそれ自らとしてあり、他によって又は他から生ずるものではなく、その根拠をそれ自らに於いて有するものである。それはそれ故に、それ自らによって有り、それ自らとしてあるものでなければならない。それはそれ故に、「自由」でなければならない。「自由」とはまず「自らに由って」であり、他からしてではなく、また他に依ってあるものではない。専ら自らによって、自らに於いて、あるものでなければならない。

自由の概念がいつ頃から生じたか、またいずこに初めて発見せられたか、歴史的に不明であるが、この概念の確立こそはまさに人間存在の発端であり、また単なる物としてではなく、まさに者の存在を確立する所以であった。この概念の発見によって、人間はもの(物)ではなく、況んや或るものではなく、まさに者であり、まさしく有る者となり得たのである。この基礎概念なしには、人間は物であって、者でなく、人格すなわち人としての資格をもつことはできない。善はもちろん、悪も根源をここにもつことなしには、悪徳とはならぬ。なぜなら、自らに於いてではなく、他に依ってあるものは、徳ではないからである。従って、我々はその存在の責めを負う理由を失うからである。「自然」には善悪はない。雨はただ降るが故に降るのであり、これを喜び又は悲しむのは人間のことであって、自然のあずかり知らぬところである。人間は親から生れる、その限りに於いて、人間は自然のものであった。人間が人間たる所以のものは、自然から得られるのでなく、人間自らによって――自らに於いて、見出されるより外にはなかった。その限りに於いてのみ、人間は人としての存在であり、それ以外には何ものでもなく、ただ単なる生きものであるにすぎない。生滅変化することに於いて物性はあっても、生死する人間の資格はいずこに得られるだろうか。自然は因果の法則によって支配せられる。人間も自然である限り、その羈絆を脱するに由ないが、にも拘らず人間は人間として生きんとする。それが即ち者であった。物ではなく人であった。

この人格は何であり、何処から得られるか。人間はそれを、他に於いて、他に依って、他からして、得ることはできない。それは人間自らに於いて、それ自らによって得られるより外に仕方がない。自由とは放埓でないことは勿論、まさに人間の存在と尊厳とを確定するものであるべきであった。

2　因果関係の概念が含む難点

自然科学者は偏えに自然の存在と生成とを探求せんとする。自然を支配するものは因果関係であるからして、何を措いても因果の法則は尊ばるべきであった。しかしながら、因果の法則には避くべからざる難関がある。それも一つでなくして二つある。一は原因と結果との関係の問題である。因果とは因から果の生ずる手続きであるとすれば、それが如何にして可能であるか、それが果して可能であるかどうかが先ず問題となる。因と果とが全く異質的であるならば、因から果は生じないであろう。もしこの両者が同一のものならば、因から果が生ずる必要はないことになる。それ故、因と果とが同一であっても、或いは異なったものであっても、孰れの場合にも因果の関係は成立しえないこととなる。さらにヒュームが鋭く論じたように、我々は因を経験し、果を経験し得るが、この両者の関係そのものを経験することはできない。因果の関係は、果が因に次いで続出するという関係のみでは足らぬ。この関係が必然でなければならない。しかしこの必然性は何から、何によって得られるのであるか。ヒュームのような徹底した経験論者からいえば、我々は因を経験し果を経験し得ても、因果の関係を経験することはできない。況んやその必然性を経験することはできぬ。ただ因に果が伴うということしか経験し得ない。それは習慣の齎すところであって、必然性によって証明せられうることではない。ヒュームが疑ったのは主としてこのことであり、これを救わんとしてカントの努力したのもこの点であった。カントによれば、因果の法則は経験から帰納し得るものではなく、経験に先だってアプリオリにあるものである。経験的知識はこの形式によって成立するのであって、決してその逆ではない。所謂先験的論理学とは、そうした考え方であった。カントの哲学の意図は、実にヒュームの懐疑に答え、或いはそれを救護せんとする所にあった。

しかし私は、因果律の難点は、ただこの一つの点に止まらない、むしろ次の第二の点にあると思う。因果律はその法則的性格上、結果に対して徹底的に原因を索究せんとするものである。一つの結果には必ず一定の原因がなければならぬ。もしそうならば、その原因はさらにその原因をもたねばならぬ。子は親から生れたものであるが、父母にはさらにその父母(祖父母)がなければならぬ。人間は猿から進化したとすれば、猿はどこから進化したのか、その祖先をたずねてアミーバに到っても、さらにアミーバはどこから生れたか。因果の連鎖は原因の原因を求めて止まることを知らぬ。それは結果の行方を知らぬとともに、原因の原因を索知し得ぬことも同様である。それは遂に「無限の溯源」(regressus in infinitum)のアポリアに陥る。それははてしなき逆行(regressus ad infinitum)に終らざるを得ない。自然科学者は、この無限の論理をきらって、好んで限界概念を用いる。経験又は実験の限界を認め、それ以上は惜しみなく切り棄ててしまう。しかし限界ということは、その界線を越えて更に何ものかがあるべきことを主張する。論理からいえば、限界があることは、限界を越えて更に何ものかがなければならぬことを証する。限界とは要するに、二つの象面の接点であるにすぎぬからである。

――さらに以上の系論として、次のことに注意しなければならぬ。因果の法則は原因から結果が生ずる関係である。それは「から」(ex)の論理であり、単なる存在のではなく、「からの存在」の法則でなければならぬ。existentia と esse の異なる点が実にこの点にあったことは、既述の如くであるであろう。しかし因果法則は無限の索源であるから、原因の原因、さらにその原因を求めてやまぬ。原因の原因は「さまよえる原因」となる。因果の彼方には、遂に原因の影をさえ見失うに至るであろう。それは遂に、原因なき原因の形をとる。この法則を支えるものは、遂に有でなくして無となってしまう。結果は原因から生じ、原因は更にその原因から生ずるならば、存在は遂に存在の存在から生ずることとならざるを得ない。それは要するに、反復の空語であるか、アポリアの空転に終らざるを得ぬであろう。この究極的存在は果して何であるか。それが単なる同語反復にあらざる限り、存在は遂に存在ならざるものに没入し、有は無から生ずることとなる。無からの創造(creatio ex nihilo)という考え方がここから発祥する。創造とは無から有が生ずることであった。創造の思想が氾濫するのは、実にここに於いてであったのである。

しかし自然科学の立場に於いては、無から有は生じない。有は有からしてのみ生ずるというのが、彼らの原則であった。無からの創造とはただ神学者の言うところであって、自然科学の論理ではあり得なかったのである。自然科学と宗教との乖離は、たえずこの点から出発するのである。

七　存在の根拠たる無

1　存在の根拠は「自己原因」的である

茲に於いて我々は、我々の論点を一転せしめねばならぬこととなる。それはこうであった。トマスに於いては存在は本質と密着せられ、存在は在りて在るものとして把握せられたが、プラトン以後、中世の初期までは、混沌たる存在は定形をとどめず、ただイデアを原型として何ものかによって(恐らくはデミウルゴスによって)作り出されたものと考えられ、従ってそれは単なる存在ではなく、何ものかから生成した existentia として考えられていた。しかしプラトンに於いては、それが何から、如何にして生ずるかは不明であり、少なくとも的確なる説明は彼の派の人々からは得られない。それを一挙に開明したのは宗教家であり、それを論明せんとした人々は中世初期の神学者たちであった。そしてそれが「創造」(creatio)の思想であることは、余りにも周知のことに属するであろう。神は万物の創造者であり、凡ゆる存在は神によって創造されたのである——これほど existentia の性格を明確に、しかも断定的に言明したものは、ユダヤの神学者の外に何処にも見出され得ぬほどである。凡ての存在は existentia としては、前章にもやや詳述せられたように、何ものかによって何かから創出されたものである。この創造者は勿論神であるが、何故に、如何にして、創られたかは、余りに少なく説かれ、又は余りにも多く説かれすぎている。キリスト者以外のものにとっては、これを素直に理解し信仰することは容易なことではないであろう。殊に、創造について最大なる躓きの石となるのは、その ex の性格である。その性格とは、何かから生ぜしめられたということであるが、いずれにせよ、それは神以前にも神以後にも神の外なる何処に於いてでもなかった。それは言葉通りに、無からの創造であった。無から万有の作せられる奇蹟であった。しかし、無から有が生じないことが自然科学者の信条であるとすれば、これほど不可解の大なるものはなく、それが可能であるとすれば、これほどの神秘はない筈であろう。無からの創造とは自己矛盾である。存在は存在から生じ、少なくとも存在は何か存在的なるものを原因としなければならぬ。原因から結果が生ずるならば、存在の原因は必ず存在でなければならぬ。存在しない原因から如何にして結果が生じ得るか。原因とはそこから結果が生ずべき因であり、原因といえども又必ず何らかのものを原因としなければならぬ。世にこれほど明白なる真実は他にないであろう、とさえ人は言う。

しかし翻って思えば、因果の関係は存在から存在が生ずることだと分っても、如何にして存在が存在の原因となるか、存在から存在が生ずると言っても、如何にして原因は結果を生ぜしめるのか、これも又創造説に勝るとも劣らぬ難解の問題である。原因としての存在を我々が明知し、結果的存在も又明識しても、原因から結果が如何に生成するかを我々は知らぬ。この二者の関係を習慣によって知悉していても、その然るべき所以と必然性を経験することはできない。ただ経験を繰返し、実験を重ねることによって、両者が密接な関係にあることを知るのみである。たとえ謙虚な自然科学者があって、そこに「真理」をではなく、真理らしいものを主張しても未だしである。そして真理らしさが、真理と共に真理らしからぬものをふくむことを忘れてはならない。

再び言う。茲に於いて我々は立場を一転すべきである、というのは、我々は創造の神秘とともに、自然科学の独断をも安易に受納することができないからである。換言すれば、「在りて在る」ということは、一方に単に在ることを原因とするのでもなく、また在らざることを原因とするものでもない。存在は必ずしも ex-sistent ではなく、存在は存在であるべきである。存在は在りて在るものであって、必ずしも他からして在らしめられたものでもなく、また他に依って在るものでもないということである。存在は存在に於いて在り、それ自らに於いて在り、それ自らとして在るところのものでなければならぬ。それはおよそ他から(ex)生成せられたものではなく、それ自らとして存在し、それ自らによって在るものでなくてはならぬ(ens per se, in se)。アリストテレスはそれを、「嘗てあったものが現にあるところのもの」(*τὸ τί ἦν εἶναι*)として表現したが、それは未だ十分でない。ただかつて在り、現に有るものは、必ずしも未来にも有るとは限らない。思うに、存在はそのように時間によって規定せられ、乃至は限定せられるものではない。それはトマスの定義したように、ただ「在りて在る」ものであり、在ることを原因とするものではなく、在らざることを原因とするのでもない。我は我であるからして我として在るもの(ego sum qui sum)でなければならなかった。この命題は決して言葉の重複又は繰返しではない。またそうであってはならぬ。それは然し、近代的な「我惟う、故に我在り」でもない。我の思うことが、決して我の存在の原因ではない。思うことが原因となって、我の存在が証明されるのではない。思うとは我が思うことではなく、存在が存在を思うことでなければならない。

もしここにも原因がありとすれば、それはむしろスピノザの「自己原因」(causa sui)であるべきであろう。スピノザに於いては、原因を自己に於いて、それ自らに於いてもつ。因果は外なる原因からして生ずるのではなく、それ自らに於いて、それ自らとして有るのである。外なる原因は、つまりは「さ迷える原因」であって、何ら定かなるものではなく、何らかの定められたものを形成することができない。原因から結果を生ずるのは、所謂遺伝であり、一つのもの、等しいもの、が残るべきであるが、しかし両者が同一のものであるならば、依然として一つのものであって、生成とはならぬであろう。「から」(ex) 生ずるものは、一なるものと異なるものとを共に有せねばならぬ。これらを共にすることに於いて、同時にして異時でなければならぬ。同時にして異時であることは、外なるものに於いてではなく、自らに於いて、自らなるものとしてのみ可能でなければならない。因果関係の研究は、原因から結果が生ずる必然性を探究せんとするが、それは原因の原因を求めて止まない無限溯行に終り、結果の次に結果を望む無限の過程を追うのみであって、何処に終るべきかを知らない。この無限性こそは、恰も因果関係の論理であった。果してそうならば、原因は結果の原因であっても、その存在性の根拠となり得ない筈である。なぜなら原因と根拠とは全く別のものであり、たとえ原因であり得ても、根拠とはなり得ないからである。たとえ根拠となり得ても、さらにその根拠が求められねばならぬ筈であるからである。それでは、原因には更に原因が求められたように、根拠は無限にその根拠を索行せざるを得ぬであろうか。根拠は単なる原因でなく、まさに存在そのものの直接なる根柢でなければならない。根拠が更に根拠を要するならば、それは存在の根柢たることを得ない、それは原因であっても、必ずしも根拠となることはないからである。

しかるに、人間存在の根拠は無限の溯行をゆるさない。それはそれ自らに於いてあり、それ自らに由るものでなければならない。そしてその理由から、それはまさに causa sui であって、単なる causa であってはならぬ。そして causa sui は自らによるものであって、断じて他から得たものではあり得ぬ。自らに由るものにして初めて自由であり、自由 (Freiheit) はこの意味を得ることによってのみ、文字通りに「自由」であり得、それ自らを完了するのである。根拠はそれ自らがそれ自らに由るものであって、他に依るものではなく、他から得られたものではない。それは絶対に自らに由るものであって、他に依るものでないことは勿論、他に因るもの、他から生ずるものでもなかった。

2　存在の根拠は無であり非存在である

茲に於いて次の如くのべられる。――次のように言わざるを得ぬのである。存在を根拠づけるのは再び存在ではない、むしろ非存在であり無でなければならぬ。なぜならば、存在を基礎づけるものが存在であるならば、我々はその存在の存在を更に求めねば止まぬ、恰も原因にはさらにその原因がなければならぬというように。存在の根拠は存在ではない。根拠の根拠はもはや何処かに求めらるべきでなく、又求めて得らるべきでもなく、それ自らに於いてそれ自らによってのみ見出さるべきである。それが「自由」であった、自由の真の意味でなければならなかった。存在を根拠づけるものは再び存在ではない。存在であってはならぬ。存在ならぬものであるべきである。かくの如くにして初めて、存在の根拠が見出されんとする。しかしそういうものは果してありうるか。あるとしても何であるか。第一に存在ならぬものが根拠であり得るならば、それは在る限り既に有であって、無ではあり得ぬから、それは従って要するに無いものであり、如何なる意味に於いても有でなく、無でなければならぬものである。しかし無いものがどうして有ると言いうるか。況んや無が有の根拠であるとどうして言えるか。これほど論理的に大なる錯誤はないであろう。驚くべき錯誤であり、あきれ果てた詭弁であると言わざるを得ないことになるのではないか。

3　存在の根拠への問いは存在の理由(理由なき理由、即ち無)への問いとなる

しかし我々は少しも驚かない。むしろそれを驚くことを驚くのである。読者よ、我々はここに一つの注意を乞う。我々の言わんとするのは以上の如き所言の理由ではない。我々は存在の根拠を求めてこの問いに達した。それは存在の由って来るところであり、「根拠」であるよりも、その理由であった。存在が何であるかよりも、存在が何故に存在するかということであった。そしてそれを問うことは、存在の原因を問うことではないのは勿論、その依って来る所を、でもなかった。ひたすらに存在の由って在るところの根拠を問うことが、我々の立場である。それは存在の「由来」を問うことであって、その出自を探ることではなかった。花は種子を原因として生ずるが、我々の問わんとするのはそのことではなく、花は何故にそこにあるか、花は何故に赤くあるか、花は何故に美しいかということである。人間が何から生れたかを問うことは進化論者の問題であるが、我々の問わんとするのはそういうことではない。人間の由来であり、人間の来歴である。それは一人の人間が名門の出であるか最下層身分の出生であるかというようなことではない。人間が人間としてあるのは何の故か。人間が動物とは区別せられて、人格をもつ者としてあるのは何の理由によるか。我々の熱心に探索するのは、人間の存在ではなく、その意義である。しかも存在を根拠づけるものは、再び存在ではなく、その意味でなければならない。

しかし残念なことには、我々はこの「意味」を知らない。意味とは何であり、如何にしてそれが存在を基礎づけるか、さらに根拠づけ得るかを知らない。ただ存在するが故に存在するとしか知らない。花は何故に美しいか、美しいから美しいということより外に何も知らない。トマスが存在とは「在りて在るもの」であると言ったのは、

何の意味であったか。存在の根拠は再び存在ではあり得ない。それでは存在とは異なる意味であるか。一見そのようにも見えるが、逆に意味の根拠は存在にあるとも考え得よう。いずれにせよ存在の根拠は再び存在であることはできない。もし存在ならば、徒らに存在の因って来る所を明らかにするにすぎず、決して根拠の何たるかを確かめうる所以ではないからである。

この由来を明らかにするものは、causa ではなくして because であった。単なる原因でなくして「理由」であり、「故」の論理であった。それは今日、because として一般に常用されている語であるが、その語源は明らかに causa から来ている。カウサは科学的用語であるが、because は日常的に、ものの由って来るところを意味する。それはものの原因ではなくして、その理由である。「何故に」と問われて、「なぜならば」と答える。それは存在の理由を明らかにせんとするのである。我々は敢えてこれを「因」と呼ばずに「故」と名づける所以である。ところが驚くべきことには、because がさらに of course となったとき、それは「勿論」となり、「理由なしに」又は「理由を要せずして」あることを意味する。それは一見不合理のように見えるが、決してそうではない。その理由が問われて、それに答える必要もないほど当然であり必然であるならば、「勿論」と答えられるのである。「勿論」とは、「何故」に対する明白にして率直な答えである。さらには、その問いに対して答える要もないほどに明晰であるから、その「理由」をさえ無用に帰せんとするものである。

このように見れば、我々は安んじて次の如く言うことができるであろう、存在の理由はその原因と同一ではない、理由である以上、再び他の存在を前提する必要はない、むしろ理由なき理由が「勿論」であるのだから、と。我々はさきに、存在の理由は理由なきことをまさに理由とする、とした。もしそこに何らかの理由を述ぶべきであるならば、未だ徹底した理由とはいえない。存在を根拠づける理由は、究極的にはむしろ、「理由なき理由」でなくてはならぬ。それが即ち「勿論」であり、of course であった。「カウサ」(causa)を問うてその必要なきことが「勿論」であり、そこには理由のないことが理由となっている。そのようにあり、当然であり、必然でさえあることが、「勿論」である。それは別の方面からいえば、「理由」が他によってではなく、それ自らによってあり、それ自らとして理由づけられうることを言い表わしている。子は親から生れ、親を原因とするが、親と雖も子の外にある。存在の原因は、存在とは別のものでなければならなかった。然るに、存在の理由は存在の外にあるものではない。存在とそして理由とがあるのではなく、存在の理由であることによってのみ、存在は根拠として在りうる。存在の理由は決して存在の原因ではなかった。「故」の論理にして初めて存在を根拠づけうるのであって、原因はその意味に於いて存在の根拠たり得ぬのである。

だがこのことは、後に論ずるように、物についてではなく、者について、最も強調せらるべきことであろう。人間の存在は決して事物の存在と同一ではない。同様でさえあってはならぬ。アリストテレスが言ったように、人間は人間を生む。決して物が人を生むのではない。人間にとって人間ほど尊いものはない。我々がそういうのは、決して人間中心主義を呼称せんとするのではなく、存在の正当なる理由を正しくそして確かに見出さんとするためである。人間の存在は、他に因って、又は何か他からして有るものではない。それ自らに於いて、それ自らに由ってあるべきものである。それが即ち「自由」であった。自由なくして人間の存在はない。物は因果の連鎖に束縛せられているが、者は「自由」に由って生きる。自由なしには者の存在はありえぬのみではなく、考えも及ばぬのである。自由とは、原義的に存在の根拠を意味する。人間は単にそこにあり、現にあることによってのみ存在するのではない。ただ投げ棄てられてそこに横たわるものであってはならぬ。それが在りて在るものと呼ばれるのは、単にそこにある故にではなく、まさに在るべくして在り、常に在るが故に、でなければならぬ。

我々はここに至って、在ることの何たるかを、有るとは何を意味するかを、知るのである。それは有ることが真に根拠をもったことであった。在ることが、有ることそのことに由って在りうるようになったことである。有る者が、真に自由を得たことである。自由とは存在が自有であり、それ自らのうちに自らの根拠をもつことである。自由によってこそ自有にありうることを忘れてはならぬ。

4　存在の根拠たる無は、無でありながら存在を根拠づけるレンマ的無である

しかし以上のような見解に対して、一つの恐るべき疑いがある。——存在の根拠が他の何処にもなく、いずくんぞそれ自らのうちにあるとすれば、それは果たして如何なるものであるか。はっきり言えば、根拠がそれ自らとしてではなく、ただ存在の根拠としてある限り、それはどこにもない。存在を根拠づけるものは要するに何処にもないということになるのではないか。我々はこの反駁に対しては次の如く答える。——まことにそうであり、その通りである。それは存在の根拠を再び存在に求めようとするのではなく、非存在に、又は「無」に求めんとするものである。——しかしそれは存在を根拠づけることではなく、逆にこれを破壊せんとするものではないか。しかしこの疑問に対しては、容易に承服し得ぬものがある。むしろ、存在の根拠は無にあり、又は無に於いてのみ求めうる、と我々は言わんとするのである。存在の根拠が無にあるというのは、存在の根拠がないということではなく、無いということがそれ自ら根拠となっているということである。無そのものがまさに有の根柢をなし

ていることである。それは根拠がないというのではなく、そのこと自らが根拠となっているということである。ここに於いて、無が無でなく、有となる。それは矛盾ではないか。——決してそうではない。存在を無によって基礎づけんとするのは、表面的には、そのようなグルントがないということのようであるが、断じてそうではない。存在が存在を原因とするというのでは、徒らに無限の溯行をもたらすか、又は同語反復に終る。しかし存在を無によって基礎づけんとするのは、単にそのような無がどこにもないということではなく、無いということがそこにあることである。しかしそうなれば、非存在が存在となって、救うべからざる矛盾に陥る。無きものはどこまでも無く、同時に有ることは許されない。しかし我々の言わんとするのはそうではない。無はそこに或るものとして有るのではなく、無きものとしてあるのである。無はあくまでも無であって、無が無である限り、どこにもあり得ない。にも拘らず存在を基礎づけるものとしてそこにある。あらざるを得ないのである。それはそれ自ら無でありながら、有を根拠づけるものとしてそこにある。それがあるというのは、存在としてではなく、専ら根拠としてであった。そう考えれば、無は無でありながらあり得る理由が氷解せらるるであろう。

さらに重大なことは、この無は決してロゴスとしての無ではなく、レンマとしての無であるということである。我々がここに考えているのは、決してロゴス的なものではなく、偏えにレンマとしての無であるということである。この点は従来あまり論明せられなかったことであるから、やや詳細に縷述しておこう。拙著『ロゴスとレンマ』に於いて展開したように、東洋的無は決してロゴスの立場に立つものではない。それはロゴス的に肯定に対立する否定ではなく、肯定を否定するとともに、否定をも否定するものであった。それは肯定でないと共にまた否定でもあり得ない。それ故に即ち、否定であり同時に肯定でもあるものであった。

然らばそれは如何なるものであるか。龍樹はそこから「中論」を展開したが、我々はそう一足とびに中間的なるものをひきだすことはできない。その前に、この論理が如何なる性格を有するかを、とくと反省して見なければならぬ。

東洋的無は単なる否定ではない。肯定でないことは勿論、否定でさえもなかった。西洋的無は、ただ肯定に対する否定にすぎなかったが、東洋的無は、それと同時に否定をも否定するものである。肯定に対する否定であるのみならず、否定をも否定するものである。約言すれば、それは相対的否定ではなく、絶対的否定でなければならない。我々はそれを第三レンマの否定という。この立場に於いては、肯定も否定も共に否定せられ、残るは肯否孰れでもない或るもののみ。この両者を共に否定し、それによって、又はそれ故に、絶対的否定と言われ得る。それは肯定に反するものであると共に否定をも否定せんとするものであった。

以上のことは、第三のレンマから第四のそれに移るプロセスに於いて、さらに明らかならしめ得るであろう。第四のレンマは肯定でもあり否定でもあるものであるが、このことが徒らな混在でなくして、却って現実存在の論理でありうるのは、何によってであるか。それは全く第四が第三のレンマを根拠とすることによってであり、このことなしに第四のレンマはなり立たない。現実の存在は種々なるものであり、様々なる形態をもち、異なった意匠によって装われている。一樹の木葉さえ同一なるものとてはない。物とはそれほどに多様であり多彩である。周礼に「物とは色なり」とあって、鄭玄はこれに註して、何らかの色をもつものが物である、と言ったということであるが、我国においても、物は必ず色をもつ、形は色を異にすることによって定まる、とされる。いろいろ(色々)とは種々なるものを指すようになったのも、この故であるかもしれない。様々なるものを肯定的と否定的とに区別するのは論理であって、存在の実態でない。一つの事物は他の事物と異なる。諸物が異なるのはprivatioの世界であって、それらがそれぞれにprivateであることを意味する。privareは奪いとることであり、一があっても他に欠けていることである。物と物とは先ずこの「差異」によって区別せられ、そして多様の世界を表現するのである。この多様なる現実を肯否に峻別するのは論理であって、存在ではなかった。物を規定する第一の様式は異別性であり、第二は対立性であり、第三は矛盾性がこれらにつづく。凡てを矛盾性によって規定せんとする弁証法は、決して唯一の存在の方式ではなかった。個物はそれぞれに異なりながら、また相互に対応するが、この対立は必ず常に逆対応するかどうかは、尚問題であろう。

以上少しく論述がわき道にそれたようであるが、序でながら次のことも誌しておこう。それは、「即」の論理も決してロゴスの論理でなくして、レンマの立場に於いて考えられねばならないことである。即の論理が即非の意に解せられるとき、その非は決して単なる否定ではなく、肯否を絶した否定でなければならぬように、「即」の論理は、徹底したレンマの立場に於いて考えられねばならぬ。かくしてのみ、即が単なる論理的なものではなく、むしろ直観的であるべきことも明証せられ得るであろう。しかしこれらの問題は重要なる意味をもつものであって、軽々に論ぜられうるものでなく、また別の機会をまつことにして、当面の問題に立ち帰ろう。

八　喩言。死の否定と無の否定

最近井上靖氏の『本覚坊遺文』を感銘深く読んだ。その第二章に次のような実録がある。本覚坊が利休に侍するようになってからまだ数年の若き日のこと、山崎の妙喜庵に茶会があった。本覚坊は襖を隔てて用役を承るのみであったが、暮六ツ(午後六時)に始った茶事は一向終る気配もなく、静かに続いた。突然烈しい声があり、「無と書いた軸を掛けても何も無くならぬ。死と書いた軸の場合は何もかも無くなる。無ではなくならん。死ではなくなる」と聞こえた。それが誰の声であるかは分りかねたが、何ものかに挑むような烈しい口調であった。茶室からはそれだけ聞こえて、そのあとはまた何も聞こえなかった。やがて、こんどは低いずっしりとした声が聞こえて来たが、それは明らかに師利休の声であった。丁度その時、母屋の方に人の訪れがあり、立ち上って行かねばならなかったので、利休がいかなることを話されたかを聞くことはできなかった。あの烈しい叫ぶような声は、だから同席の山上宗二さんにちがいない。山上宗二は利休の弟子として頗る異色の人物であった。日常の行事がそうであったのみでなく、その容姿が既に異相であって、極めて強直な人物である。小田原の北条氏に仕えて宗匠としてあったが、北条滅亡の戦いの際には、秀吉の軍営に師利休があり、北条の陣営には宗二があって、師弟対立するかのような態勢におかれた人である。小田原城陥落後は出でて秀吉に会ったが、何か激越な言葉をのべて不興を買い切腹を命ぜられた。利休もやがて太閤との不和の故に自刃したことは周知のことである。この二人にとって茶事は遊びではなく、閑葛藤でさえもなかった。恐らく利休が言ったように、まさに刀なき戦いの日々であったのである。無では足りない、無というだけでは何も無くならない。凡てが無となるは死の故である。死によってのみ無となる。——その覚悟に生きた二人であった。利休の茶は古田織部に至って一変したという。たしかに古織の茶は世にも豊かな栄えあるものであったが、利休及び宗二のような烈しさはなかった。この二人にとっては侘の世界に加えて死があり、たとえ予感としてであっても、生はたえず死によって脅かされていた。死は生に続くが、生は常に死によって迫られている。これらの茶湯者の生を支配するものは死であって無ではなかった。なぜなら死は凡てを無にするが、無は凡てのものを無にすることができない。それが如何に沈痛なものであっても、凡てを無に帰せしめることはできない。「無」の軸を眺めながら突っ立っていた宗二は、恰も影武者の如くみえ、恰も多面多臂の明王の如く、すさまじく見えたと本覚坊は誌している。宗二は恐らく利休よりも激越な性格者であり、無では満足し得ない人であったであろう。利休が戦国の茶人であるとすれば、宗二は戦場の茶湯者であり、これらの人々の生には死が常に支配していたのである。申し開きさえすれば恐らく許されもしたであろう利休が、一言の弁解もなく静かに死についたのもこの故であり、これを措いて外に考えようもない。織田有楽(信長の弟)はさすがに主筋にあたり、「茶人が茶人と飲んでも何が面白い」と言って、大坂城落城の前に既に抜け出した人である。本覚坊に向って「心配しないでもいい、わしは腹は切らん、腹を切らんでもわしは茶人だよ」という人であった。有楽にとっては無と死との区別はなかったが、利休・宗二・織部らにとっては死は無をこえて遥かに高きにあった。

しかし死は凡てのものを否定するが、無はそれ自らを否定する。死の否定するものは生であるが、無の否定するのは無そのものである。無は有を否定するよりも無そのものを否定せんとする。死は生を断つが、無は有を否定するのみでなく無自らをも否定する。生死を越えるものは、死でなく無であると考え得ぬであろうか。その意味の無は、有の否定であるのみでなく、無の否定でさえもあった。有無を越えるものは死でなく無でなければならない。無にして初めて生死を越え得るとすれば、宗二の叫びは尚不徹底であり不当であるといわねばならぬ。茶人は侘に徹して死に至ったが、真人は無を通して有にかえらんとする。茶人は死によって侘を大成しようとしたが、禅匠は無に徹して生きんとする。臂を折っても尚生きんとし、無によっても有を得んとするのが、達磨の弟子であり釈迦の末孫であった。

九　存在の根拠のその働き方(詳論)

1　存在を在らしめる三つの「よって」

前章に於いて我々は「存在」(esse)から「実存」(existentia)が如何にして発展し来ったかを見た。それは単なる歴史的事実であるのみでなく、また理論の必然的な展開でもある。存在はただそこに投企せられたものでなく同時に企投せられてあるものでなければならぬ。何ものかから出て何かに行くべきものでなければならぬ。そして存在の「よって」来るところのものは「よって」齎されたものの根源でなければならない。根拠なき存在は、存在の名に値しないであろう。それ故に敢えて言えば、存在が実存となるのは、この根拠の問題を自証せんがためであった。存在はただ漫然と在るものでなく、根拠づけられた存在でなければならぬからである。

しかし、存在の「よって」在るところのものとは何であるか。我々はここに漠然と「よって」といったが、最も厳密に言えば、それには次の三つの意味を明別しなければならぬ。

一は「因って」であり、二は「縁って」であり、三は「由って」である。この区別は、我々の行論にとって重要なものであるから、あらためてやや詳しく論明しておこう。

2　自然科学的因果法則的な「因って」

第一の「因って」は自然科学に於いて重視せられる因果の法則である。凡ゆる事物を因果の関係によって研究せんとするのが自然科学であることは余りにも有名であろう。自然とは、おのずから然るべき事象であるが、その然るべき所以のものは、原因から結果が生起するという理法である。この理法を確立することなしには自然科学は成り立たない。この理法を疑わんとしたためにヒュームは一世を驚愕せしめた。この懐疑を救護せんとして立った人がカントであり、彼の『純粋理性批判』の中でも範疇論の中心的位置を占めているのは因果のそれであった。現代の物理学に於いても絶えずこの問題が戦わされていることは周知のことであろう。

しかし「よって」の原則は自然科学のそれに限られていない。その他に二つの「よって」の関係がある。一は「依って」であり「縁って」である。他は、後述するが、「由来」や「自由」における「由って」である。(6)

3　縁起関係における「縁って」

Aが存在するのはBに依ってであり、Bが存立しうるのはAに依存してである。二者が相依相待することをその主旨とする所のこの関係は、主としてインドの仏教思想に於いて見出され、それを主軸として展開するのが大乗仏教の思想方則であると考えられた。「縁起」関係を代表するものが即ちそれである。もっともインドに於いても因果関係が頻用せられ、六因四縁などと云って、性質を異にするものとして説かれている。しかし私の見るところでは、そこに説かれている原因は自然科学のそれと明別せらるべきは勿論、著しく縁的なるものに近接しているように見え、却って、位置を逆にしているように思われてならぬ。というのは一方に因が主であり縁は従位を占めているように説かれていながら、却って主導的なるものは縁であって因ではなく、縁は「条件」でありながら優位を占めているように読まれる場合が多いからである。例えば縁起は、中論に於いて明記せられているように、pratītya-samutpāda であるが、これを解説する弟子たちの間に既に異論がある——即ち、prati について月称は「至って」と解するが、清弁は「交互に」の意にとっている。その両説の孰れが正しいかを言語学的に決定することは私にはできないが、月称説は、次に来る iti と重複するきらいがあり、むしろ「交互に」と解する清弁説がなだらかに理解しうるように思われる。この点については専門家の叱正をきかねばならぬが、若し清弁説がより正しいとすれば、縁起とは、AがBに対すると同様に（同時に）BがAに逆対応することとなり、それは因果関係とは別異のものとならねばならぬ。因果関係に於いては、因が先であって、果は後であり、結果が原因に先だつことは不可能であるが、縁起関係に於いては、AがBに対すると同様にBはAに対応する。即ちこの関係は交互的である。例えば親子の関係は因果的であり不可逆であるが、夫婦のそれは交互的であり、夫は妻をめとることによって夫であり、妻は夫に嫁することによって妻でありうるように、相互依存的であり可逆的である。

因果も縁起も共に他に依り、他を待ってなりたつものである。が、それが交互的であるか、不可逆であるかによって（両者は）明別せられねばならぬ。縁起は決して因果関係ではない。そしてインドの思想に於いては因果よりも縁起が優位を占めていることは何人も認めるところであろう。

インド的思惟に於いては縁起的なるものが主位を占めることは以上によって略と明らかとなったであろう。西欧に於いては因果的なるものが、東洋に於いては縁起的なるものが存在発展の原則として主導的位置を占めることも大凡認められてよいであろう。

4　第三の「由って」——由来・自由・根拠を問う問いの必要性

しかし、「よって」の関係は以上二者の外に第三のものがある。この第三のものは単に有り得るのみでなく有らねばならない。我々はこの第三者を特にとり上げることによって一つの問題を提起するとともに、出来うべくんば前二者を統一して「世界的」なる第三の関係を闡明せんとするのである。それは西洋的因果でもなく、東洋的な縁起でもなく、言わば人類的な一般的なるものであった。

しかしそれはそれ故に晦渋にして難解なるものではなく、却って日常的にして明快なる原理である。それはいわばスピノザの「自己原因」(causa sui)〔の如き原理〕であった。原因を何ら他なるものに於いてではなく、それ自らの中にもつものである。スピノザは厳格なる決定論者であったが、この「自己原因」の創始者として不朽の貴重なる思想を人類にもたらし、まさに近代精神の先駆者となった、といわるべきであろう。恐らくはこの一点によって彼はデカルトの cogito ergo sum にもまして西欧近代精神の祖となったといってもよいであろう。原因が結果の先にあることは自然科学の根本信条であるが、これを覆して、因は果の中にあるのであり、ましてその前にそれに先立ってあらざることを唱導したのはスピノザの画期的創見であるといわねばならぬ。

由来は原因を自己自らの中にもつことによって成立する関係である。人間は物質から生れ、物体として存在する限り未だ人間たることができない。人間とは単に人々の間にある存在なのではなく、「者」として独立な存在をもたねばならぬ。生きるというのは単に息をすることではなく、生命として生きることでなければならぬ、人格として生きることでなければならぬ。人格をもたぬ人間は、いかに逞しく賢くあっても単なる物であって者であり得ない。人間の存在はただにそこに在るのみでなく、意義ある存在でなければならぬ。人生は単に長きを以て尊しとするのではなく、意義ある生涯として初めて尊ばるべきである。「よく」ということも単に能く生きるのではなく、「善く」又は「良く」生きることでなければならない。西田先師も幾度か「人間の始まるところに世界が始まり、世界の始まるところに人間の存在が始まる」と言われた。誠に至言というべきであろう。人間は生きることの始源を自己に於いてもち、生きるとは自己自らとして生きることでなければならぬ。それが即ち「自由」であった。自由とは生存の根拠を自らの中にもち、自己の存在を自己自らによって――他によってではなく――律することでなければならぬ。自由とは自己を他に渡すことではなく、自己自らに保有し、それを徹底的に保証するものでなくてはならぬ。それ故に自由とは由自であり、自己の原因を自己の根拠とするものでなければならなかった。

自由のないところに人間の存在はない。自由をもつことによってのみ人間は存在しうるのである。人間は勿論、親から生れるものであるが、人間の存在は人間の生き方によって定まる。人間は如何に生くべきであるか、それを決定するものは人間がそれ自らを如何に規定するかによって定まる。人間は自然の中に生れる。が人間の存在は自然を原因とすることができない。親と雖も既に自然ではなかったのである。アリストテレスは好んで、人間が人間を生むと言ったが、自然が人間を生むよりはむしろ人間が自然を生むのである。

そして人間の生んだ自然とは即ち社会であり制度であった。

人間の祖先は人間でないかもしれぬが、人間の存在は人間を措いて他にはない。歴史とか文化とかは人間の生むものであって、何処にであれ人間の存在無しにおのずから在る、というものではないであろう。自然は「おのずから然るべきもの」であっても、おのずからはみずからとその根源を同一にする。自然と雖も、始まるところを持たねばならぬ。

然るに自然科学の因果律は原因の原因を求めて無限の遡行をもたらし、遂に論理上のアポリアに終らざるを得ぬ。自然科学の原因はつまりは「さまよえる原因」にしかすぎぬであろう。

人間の原因はどこかに始源を持たねばならぬ。神武天皇にも父母があったことは確かであるが、日本の国は神武を以て始まる。始めあり終りあることなしには歴史はなり立たぬ。カウサは所詮カウサ・スイでなければならなかったのである。歴史の始源は専ら人間にあって自然にはない。

「由来」とは自然の生成ではなく、人間存在の終始であった。それによって人間が生存する、というのはそれから生ずることではなく、それに由って、又はそれを根拠として形成せられることである。由来とは来歴である。来歴なしには人間は存在であっても生存ではない。まして実存ではあり得ぬのである。

ここに於いて causa は一変して because となる。そしてそれは日常の because の意味に転化する。それは原因でなくして理由であった。原因はそれからして物が生成する根源であるが、理由はそれによって事物の存在する根拠である。我々はものが何から生じたかを知らぬときも、何故にそれがそのものとして存在するかをたえず問う。何故にその事があるかを知らんとする。それは、そのものの根拠をたずねることであるに外ならなかった。ものは何かの理由なしには存在し得ぬ。なぜものはそこにあるのか。何故にそれはそこにあってそのように在り、他の様にはないのであるか。なぜそれは花であって石ではないのか。この問いはものが何であるかを問うことに先だって恐らく最も早く素樸に問われることであろう。

　ものがなぜそのようにあるか、と問うよりも、物がそこに在ることがより根源的であるが、しかし物の存在は何らかの仕方なしには有り得ぬから、恐らくこの二つの問いは、物の何たるかを明らかにする最初の問いであるであろう。幼児の問い方もここに始まる。我々の日常生活に於いてこの問いの如何に頻繁に繰返されることか。そして、それがそうであるのは物の存在の根拠を問わんとすることであって、あながちに好奇心といえぬものがあるようである。ものは何故にそこにあるのであるか、何故にそのように在って他のようにないのであるか。これらの問題は、人類の早き時代に於いて問われ、raison d'être として今日も尚問いつづけられている。

　これらは凡て存在の根拠の問題であって、決して人類の起源の問題ではなく、自然科学の因果律によって解決せらるべきものではない。自然科学が如何に発達しても一指も触れ得ぬ問題であり、人間の生存する限り如何にしても問わるべく課せられたのっぴきならぬ問題である。

　これらは causa が because にまで展開せざるを得ぬ必然の問題である。我々はそれに対して「なぜならば」と言うは易いが、果して何故であるかを答えることが至難なる問題である。

　ところがこれに窮して如何にも分りきった問題であると錯覚する場合がある。それが即ち of course であった。「それは勿論である」「無論のこと」等と答えられるが、豈図らんやこれほど「もちろん」でないこともめずらしい。決して、それは「もちろん」ではなかったのである。「もちろん」は of cause《〔ママ〕》であって、単にカウサにかかわるだけでそれ以上の意味はない筈である。of はやがて off となって、それから離れることを原意とする。オブ・

コースは理由を陳述するまでもなく「もちろん」と言い放たれ、殆んど「自明的」とさえ解せられるが、このことほど自明的ならざることもめずらしい。

原意的にはただ causa に関係するだけのことであって、決して「もちろん」ではなかったのである。例えばAがAである、ということは「もちろん」であって、そこに何の理由もない。しかしこのことほど哲学上の問題となったものも外にない。思想の三法則も第一にこれを問題とした。所謂同一律又は自同律としてこれほど端的に真なるものはないが、またこれだけ困難な問題をふくむものはないとも言える。

所詮それは凡ゆる存在の根拠をなすものである。それは言論の根拠又は「理拠」を与えるのみでなく、凡ゆるものに根拠を附するものでなければならなかった。原因というのは単にこの一種にすぎない。

我々はここに「理拠」と言う。それは「理由」であり理智的に由って来るところの根拠である。然し存在の根拠は、凡ゆる言論の根拠であるのみでなく、それとともに或いはそれに先立って凡ゆる存在の根拠〔であること〕を意味する。ただ因って来るところの原因ではなく、依って来るところの所縁でもなく、言葉の最も〔本来の〕意味に於いて、由って来るところの根拠であることを忘れてはならぬ。

一〇　存在の根拠たる「理由なしに」の思想

1　「由来」の関係は「故」の関係である

この意味で〔存在するものの〕根源をなすものとして、我々は「由来するところのもの」をとり上げるが、しかしそれは果して何であり如何にして根拠となり得るか、乃至は凡ゆるものの根柢をなしうるのであるか。由来とは由って来るものであるが果してそういうものがあり得るのであるか。原因から結果の生成する過程は決して簡単とはいえないが、或いは経験により或いは実験を重ねて実証することができる。縁起の関係も必然とは言えないが強いきずなによって結ばれている。「由来」の関係はこれらと比べて果して如何であるか。それは先ず、関係の如何なるものであり又はあるべきであるか。

それは「故」の関係である。

我々の生れた土地は「故郷」と名づけられる。我々が何の世にいずこに生れるかは全く不定であり不明でさえあるが、とにかくそこに生れ、その世代に生きてあったことは確実であり、何らかの理由によるにちがいない。それが、「故」であった。後に詳述するつもりであるが、「故」は過去に属し又は未来にひろがる。それは何よりも「時」に結びついている。

今はなき祖先は「故人」であり、既にあった事は「故事」である。それは既にあった「時」を意味するのみでなく、「曰くありげな」ことでなければならぬ。既に閲歴に於いて古き人は「故参」であった。「故老」とは単なる物識りではなく、その道の先人として貴まるべき人物であるべきであろう。

由来とは「来歴」を意味する。由緒ありげな家系について初めて系譜も語られる。その故を問うことが同時にその存在を価値づけ又は家格を形づくることは恰も人格の如くである。

「故」とはそれ故に単なる理論でなく事実であり、理由であるよりもさらに歴史であらねばならぬ。我々は既に「それ故に」と言った。それはいうまでもなく理由によって史実を基礎づけんとするものである。我々はさらに「いうまでもなく」と言った。理由なきことを理由とするからである。しかもこのことがまさに理由であるとするならば、事実を基礎づける理由は理由なきことを、まさにその理由とするものであると言わねばならない。ここに一つの問題があるが、それについては後述の詳論を待って貰いたい。

2　存在を由来せしめる根拠は非存在であり無である

それに先立ち、由来の世界を基礎づけるものは何であるかが我々にとって問題であるが、これに答えて、それは存在であるというのは果して許され得るか。それは存在の根拠をさらに存在に求むることであり、原因の原因をたずねて無限に溯行することと同様な結果をもたらすものではないか。因から果が生ずるのは存在によって存在があることと同一でない。これは素よりであるが、それにしても存在によってとは、この場合存在に於いてと同様の有り方であるとすれば、両者(存在と根拠)は画然として二つの存在であって一つのものではあり得ない。少なくとも包むものと包まれるものとの区別に於いて相対するものでなければならぬ。例えば、アリストテレスの考えた如く、主語となって述語とならぬものと述語として主語をふくむものとの明確な区別に於いて説明せられねばならぬ。しかし根拠づけるということがこの意味に於いて重畳するならば、それは原因の原因を求むることと同様な索源に徒労せざるを得ぬであろう。

玆に至って我々は驚くべき結論に達すべく余儀なくせられる。――それは存在の根拠は存在ならぬものによって得られる、有を基礎づけるものは再び有でなくて、却って無である、無でなければならぬ、ということである。

因果の法則は遂にさまよえる原因に逆戻りするように、存在の根源は非存在に——無に、求めるより外にない、有は無に於いて、又はそれによって成立し基礎づけられると、極言せざるを得ない。

しかしかく言うのは無から有が生ずるということではない。もしそうならば悪しき意味に於いての創造であって、自然科学者にとって古くからの仇敵であろう。そうでなくして存在の根拠は無にある、無によってあるということを主張せんとするものである。

これは又一つの驚くべく放胆なる思想ではないか。

3　それは存在が、「理由なしに」在ることである

しかし、それがそうでないことは既に証明せられたことである。なぜなら、試みに何故にそうであるかが問われたら、次の如く答えるより外にないからである。ものがそこにあるのは何故であるか。それはそれがそこに在るから在るのであり、物がそのようにあるからして、そのようにあるのである、と答えるより外には答えようのないものである。何故に花があるか。なぜ花は美しいか。それは、花がそこに在るからして在るのであり、花が美しいからして美しいのである。我々はその何故であるかを知らぬ。なぜであるかを言うことができぬ。即ち、ものの存在は理由なしにある。それが直観であった。直観によって我々が直視するより外にはない。そこには何の理由もない。端的にそう直知することによって、そこにあると言うより外はなかったのである。

花は何故に美しいか。それは美しいから美しいのである。別に他の理由があるわけでない。花は風のまにまに運ばれた、又は人によって蒔かれた種子故に咲くと考えるのは自然科学の立場である。

花は光線によって赤いことが如何に教えられても、光線が何故に赤く感ぜられるかは説明するに由ない。花は神によって造られたのであるから美しいというよりも、花が美しくあるからして、そこに神の栄光がたたえられるのである。

牛豚は人に食われるために生まれたのではなく、これを食用として飼育するのは人間の私欲であって、このことが動物の志すところである筈はない。牛馬に生まれたが故に生存するのであって、それを基礎づける理由はその外になく、それを措いては外には求め得られぬ。存在を基礎づけるものは、それがかつてあったということ、それ故に現にあり、未来にもあるであろうということであって、その他に何ものもなく、何処にも見出されない。しかも何処かに始まり、何ものかとして存在するものも、その理由は全くそのものの中にあって、それ以前にもそれ以後の何処にもなかった。存在の前にある存在も、その後にあるであろう存在も、現にある存在の原因や目的であり得ても、これを根拠づける何ものでもあり得ないのである。

しかも、その根拠がないということが即ち存在の根拠となるのではないか。存在は理由なくしてしかも根拠づけられている。それがまさに有が無に於いて、又はそれによって、根拠づけられているということである。それから因って来る何ものもなく、それに縁って存在するところの何ものもないところに――むしろそのこと自らが存在の根拠をなすということが真に存在の理由となるのである。

原因からしてものは生じ、縁起によって物は成立するが、存在自らは何の理由もなくて存在し乃至は生存するのである。それが即ち、他によってではなく、それ自らによって存在し、他に於いてではなくそれ自らに於いて存在する存在の最も本質的なるものであった。真に存在を知り神を見る唯一の方法であった。それが何ものをも見ないところに真実を観る唯一の道であったのである。それは事物を全体として見ることである。全を個として見る仕方である。個を全として見る見方である。個を全の中に見るのではなく、個を個として見る立場である。個を或るものとして見るのではなく、個を個として見ることである。そこには個を自らの中にかこむ全もなく、全を充たす個もない。個はいずれに於いても個であり、全はどこをとっても全として自らを露わにしている。しかも個と全とは同一でなく、全は全面にひろがり、個は徹底して個として表現されている。全は決して個の全体ではなく個は全の部分でもない。根拠としての全は要するに個の由って来るところであるとしても、その〔存在的〕根拠ではない。そこに何らの理由がないからしてである。しかもその理由がないからして、ないということが理由となっている。それが即ち、何の理由もないということがまさに唯一の理由となる所以であった。

4　エックハルトにおける「理由なしに」の思想

マイステル・エックハルト(Meister Eckhart)はそれ故、曾て „sunder warumbe“ ということを言った。エックハルトは一二六〇年―一三二七年の頃、世にあった人であり、トマス・アクィナス(Thomas Aquinas)(一二二五年―一二七四年)と余り年を隔てぬ時代の人であるが、その神学は大いに異なっていた。トマスは中世キリスト教神学の主流にあったが、エックハルトはドイツ北方の辺境ゴータに生れ、その教説は多くは高地ドイツの方言によって語られたが、その言葉は今日のドイツ語と大分異なっている。トマスは正統キリスト教の中枢にあり、大著『神学大全』(*Summa theologiae*)は鬱然たる体系を備えていたが、エックハルトの遺著は断片的な説教集に止まり、彼自身も Doctor であるよりも Meister であることに満足していた。(7) トマスの神が「在りて在るもの」

であるに対してエックハルトの神は「無くて有り、有りて無きもの」であった。正確には存在を存在からしてではなく存在を無に於いて規定せんとするのがエックハルトの神学であったのである。それ故に彼は「神秘主義」者として特徴づけられ、間々ドイツ神秘主義の大立者として取扱われている。[8] しかし彼は決して所謂ミスティシズムの祖述者ではない。それを彼に於いて専らに論ずるのは余りに過当であり若しくは不当である。彼が存在について語るところは決して非合理ではなく況んや単純な情緒論ではなかった。存在の根拠を再び存在によって求めるのではなく、存在ならざるものに於いて——有を無に於いて求めんとするのが彼の「神秘主義」であった。

有を無からしてではなく無に於いて求めんとするのが彼のミスティシズムであった。クリスト者としてのエックハルトにとっては、神はもちろん万物の創造者であり凡てのものの根拠であるが、しかし神と人との関係は必ずしも原因と結果とのそれとしてではなく、むしろ存在とその根拠との関係として見られている。なぜなら原因は或るとき或る所に限られているが、根拠はいずこにおいても、如何なるときも存在の根底にあるものであるからである。存在はあるべき理由によってあり、あるべからざる根拠によってあらざるが故にである。神の創造は凡ゆる意味に於いて神の内から出る。神の外なる原因から生まれるのではない。神は理由なくして万物を創る。なぜなら、神が凡ゆるものの理由であるから。神を措いて他に創造の理由はどこにもあり得ぬから。創造とは、理由をそれ自らに於いてそれ自らの中に持つが故に、それ以外の理由を要しないものである。神は理由なしに(sunder warumbe)働く。神が理由の凡てであるからしてである。良く働く人は——賢くある人はまた神の如くである。神は理由なしにあるように正しき人もまたそうでなければならない。[9]

warumbe はまた war-umbe であり、何処にあったかを知らない、ただそこにそうあったからして現にそうであって、何に因ってであるかを告げずして現にそうある、ということである。それはまたâne warumbeとも書かれ、âneは現代ドイツ語のohneの方言であるにちがいない。ここに於いて神のグルントは同時に人間のグルントとなる。人の見るところと神の見るところとが一となることもこの理由による。[10] いなここにこの理由を述べることさえも無駄であった。実はこの最も内なるグルントによって汝は汝の仕事を果たさねばならない (Predigt 5b)。[11] それが「理由なし」の理由であった。神の創造は勿論、被造物の働きも凡ては、この根拠によって支配せられ、理由なきところに又はそのこと自らに、理由をもっているのである。

一一　レンマの論理における根拠の問題の解決

1　自己原因の概念の画期的意義

causaはcausorという動詞からつくられた名詞である。ラテン語の原意は一般に「惹き起す、生成せしめる」の意であり、必ずしも我々が以上に明らかにしたように「因って」「原因として」という狭義ではなかった。存在は単にそこにあるものでなく、何かから生起したものでなければならぬ。子のあるのは親のあることによってであり、花の咲くのは種子によってである。しかしこの生起の連鎖は無限に索源して止まるところを知らぬ。第一の原因といえども何かから生起したものであるとすれば、因果の法則は所詮さまよえる原因に終らざるを得ぬであろう。これに対し由ってあるものは原因をそれ自らの中に蔵し、それ自らによってそれ自らを律するものでなければならぬ。自己原因(causa sui)はロゴス的には矛盾をふくむが、存在的には正当に成立する唯一の世界である。それは自然の世界ではなく人間の世界であった。それを根拠づけるものは自然ではなく人間でなければならぬ。自然はおのずからあるが、それもみずからによってのみ基礎づけられる。(前述の如く「自」にこの二つの読み方があることは注意せらるべきである。それは奇しくも、しかし至当な事柄であるといわねばならぬであろう。) 西欧近代精神はデカルトの cogito ergo sum に発端するというのが通説であるが、私はむしろスピノザの causa sui から発端したと見ることも既に述べた。

それは啻にそこから出発するのみでなく、近代精神の中核をなすことによって一つの新しき領域を開発したものである。それは存在のよってある根拠を他によってではなく、それ自らにもち、それ自らによって律するところの一つの新しい世界である。それはそれ自らの根拠を他に因ってではなく、他に依ってでもなく、まさにそれ自らに於いて、それ自らに由ってもつところの世界である。それを発見することによって人間は自然の他に自由の世界を見出し、物の上に、者の立場に立つことができたのである。

これは人類の歴史に於いてただならぬ発見であると共に、人間としての、人間にとっての新しい存在の仕方を確保したものでなければならない。

これは、ものの中に物を、物の上に者の存在を確証したものに他ならない。

2　エックハルトにおける無は有の唯一的根拠である

しかもこのような存在の根拠を sunder warumbe に於いて見出さんとするのはどうしたことであるか。何故にそうしなければならぬのであるか。エックハルトは「何故を問う勿れ」と言う。断じて言う勿れと言う。「なぜならば」と説くなかれ、と説く。

causaはここに於いてbecauseとなった。そして因果の法則ではなく、日常の論理となった。しかもこの日常の論理を破却せよというのは果して何のことであるか。エックハルトにとっては、この論理は「勿論」(of course)となって無用となるか、又は「自明のこと」となって不用となるからであると言う。しかし我々としてはその理由をさらに執拗に問わねばならぬ。何故にそれが不用であり無意味なのであるか、それは幼児がただ「なぜ」を繰返すことと等しい無用のことであるか。決してそうではあるまい。

エックハルトがこれを拒否するのは、あながちに理由の理由を求めるからではなかった。もっと直截にこの理由を峻拒することであった。それを拒否するのは存在の根拠を再び存在にではなく根拠そのものの中に求めんとすることであった。即ちそこには根拠となる「理由」がないということであった。もしありとすれば、根拠の理由をさらに根拠に求めんとすることとならざるを得ぬからである。それは存在の根拠をさらに存在に求めんとする愚挙と何の変りがあろう。

エックハルトに従えば、存在の根拠はどこにもない、存在は存在するが故に存在する、と繰返すより他に仕方がないこととならざるを得ぬであろう。

然し我々はここに於いてさえ一つの根拠を見出さんとするのである。それはこうであった。そのような根拠がないということが即ち唯一の根拠であるということである。それは有の根拠を無に於いて見出さんとすることである。無ということが恰もその根拠となるということである。存在の根拠は所詮はこの意味のあるもの（＝無）に見出すより他はなかった。存在と区別された根拠はどこにもない。恰もそのことが——唯一の根拠となるより外に途はなかったのである。無が有の根拠をなすというのは、まさにこの意味に於いてであり、それ以外の何ごとでもなかったのである。

3　存在の根拠たる無はレンマ的無である

しかし問題はそれに尽きない。——そのような無とは果してどういう無であるか。如何なる無にして初めてこの任に堪え得るか。我々のここに言わんとする無とは果して何であるか。単にそれが無であるからには何ものでもないと放言するにはそれは余りにも深く、且つ貴い。この無の何であり乃至は何たるべきかが次に透徹せらるべき問題であるが、これに対する私の答えは余りにも簡にして素であるかもしれない。——それはこうであった。存在の根柢にある無はロゴス的なそれではなく、レンマ的無であるということである。この答えは余りに簡素であって容易に人の同意を得がたきものであることは、何人よりも筆者の予知するところであるが、このことについては旧著『ロゴスとレンマ』に於いて既述したところであるから、それに即いて見られたい。今はただこの考え方を一歩すすめるのみである。

ロゴスの否定は肯定に対する否定であった。有を否定する無であるにすぎなかった。

しかしレンマの否定はそうでない。それは私のいう第三のレンマであって肯定を否定するのみでなく、同時にこの否定をも否定するものである。言わば相対的否定と明別せられた絶対的否定である。前者の否定はそれに対立する肯定を否定するものであるが、レンマ的否定とは、それの否定をそれ自らに否定するものである。対立するものは「これかあれか」の孰れかであるが、「これでもなくあれでもない」という両非の否定である。

そのような否定は肯定でないことは勿論、否定でもなくそれ故に肯否のいずれでもなく、肯否の外に立っており、ロゴス的には何ものでもないと考えられるかもしれないが、それにも拘らず恰もその故に何ものかであり何ごとかであらねばならぬ。ロゴスの論理は肯否の区別から出発し、その孰れかに決定するが、その孰れでもないというのは、要するに何ものでもないということではないか。

しかし肯否の両面に立ってその孰れでもないといっても、とにかくロゴス的には何ごとかを論ずることでなければならない。全く論理に無関係ではなく、それについて断乎たる採択にせまられている。それはロゴス的に一つの態度であるべきであった。否定といえども何ごとでもないというのではなく、肯定に対して大いに有意義でなければならない。否定が自らを否定することによって凡ては無に帰したわけではなく、逆に一つの断乎たる態度をとることであり、論理としては有力なものでなくてはならぬ。従って、この論理は否定を否定することによって直ちに肯定に転ずるのではなく、一つの新しい立場にたつのである。否定を重ねることによって無に帰するのでなく、一つの新しい立場を開発するのである。否定に執して徹底的に否定するとき人は頑固度すべからざるものとして評価せられる。それ（＝レンマの否定）は人と人との交通を遮断させるものとして無意味なものでは決してなかった。それ（＝徹底的否定）は社会的に交通をたつのみでなく、時として敵対の最悪の場面に導くであろう。

価値の対立には尚余裕があるが、ロゴス的な肯否の対立は妥協を許さない。断然たる決裂があるのみである。しかし論理にはロゴスの外にレンマ的なるものがある。それは肯定を否定するのみでなく、否定をも否定するものである。道徳的にいえば相手の非をならすと共に自己の難を認めることである。人倫の基礎はここにある。それを措いて外にはないであろう。しかし忠恕の徳は時として余りにもなまぬるい。自己を殺すことに於いて専らならば凡ての他は自己となって我を襲うであろう。ロゴスの論理はこれを排撃して立たんとするが故に戦争はたえないのである。

問題はさらに次に移る。

4　根拠の問題は両非のレンマが両是のレンマに発展して完成する

レンマの否定は以上の意味に於いて成り立つが、その功用はただにそれに止らぬ。第三のレンマは、さらに第四のレンマの根拠となるのである。それはこうであった。第三のレンマは肯定でもなく否定でもないが故に、このことからして直ちに肯定でもあり否定でもあるという第四のレンマが展開してくるということである。これが我々の求める第四のレンマであることは特に留意せられねばならない、この点に於いて第三のレンマが第四のそれを根拠づけ得るからであり、根拠の問題はここまで来て完成せられ得ると信じてやまぬからである。

存在の現象形態は様々であり、事物がそこにあるのは一様でなく多様でありしかも無限に多種多様である。現実の存在がそのようにあるのは、それが存在であるとともに存在でないからしてでもあり、肯定であると同時に否定でもあるという理由による。例えば赤は青でないとともに青との対比に於いて初めて赤でありうる。世が尽く赤であるならば赤とさえも認知せられ得ぬであろう。

赤は赤という色質をもつと共に青という色質をもっていない。それは或るものの所有であるとともに他のものの欠如でなければならぬ。また赤い花は逝く春と共に色あせてしまうであろう。それは或る時にもったものが後の時になくなることである。して見ると事物は場所的に又時間的に存在と非存在との結合でなければならぬ。それは或るものであるとともに同時に又は異時的に存在と非存在との共存であるべきであろう。

この意味の非存在は欠如(privatio)であって否定(negatio)ではないが、欠如は存在の奪われた状態(privus)であって広義の非存在の中に入る。現実の存在は単なる存在ではなく存在と非存在との結合であるべきであった。そのことはロゴス的には明らかに矛盾であり、矛盾することが非存在の証拠であるとすれば現実は凡て存在であり得ぬこととなろう。にも拘らず、現実は現にあるものとして実存する。その論拠をなすものは明らかにロゴスではなくしてレンマでなければならぬことも明らかであろう。それは肯定でもあり否定でもあらねばならなかった。この第四の現実を根拠づけるものは何であるか。

それは第三のレンマであるべきであることは余りにも明白であろう。

この論歩は現実が肯定でもなく否定でもないという第三のレンマによって基礎づけられ得るからである。両是の世界の根柢には両非がなくてはならぬ。肯定は否定によってのみ根拠を得能うのである。

しかも第三が第四の根拠となるのは端的であり即爾でありその間に何らのロゴスを要しない。この関係は「即」であってロゴスではなかった。

「即」とは何よりも即時であり、それは一枚の紙の表裏をかえすよりも速く、即直である。

現実は肯定でもあり否定でもあるのはそれがそのいずれでもないからしてである。この第三のレンマなしには第四の現実はなり立たない。

5　東洋人の思考方式としてのレンマの論理

私は人間の思惟の法則を論理に求めて久しく彷徨していたが、論理は西欧の思想の如く肯定と否定との二つに限られるのではなく、その他に尚二つのものがあることを見定めることによって、西欧の論理を批判すると共に東洋人の思考方式をレンマの論理として樹立せんとした。レンマ(Lemma)とは耳なれぬ語と聞かれ易いが*λάμβανω* から来た *λῆμμα* は言わば「直接なる把握」を意味する。ロゴスが形式論理的な立場であるのに対し、レンマは直接にして具体的なる把握の仕方をいうのである。単なる論理でなくして直観的なる把握を、それによって表現するのに外ならぬ。人間の思惟の方式は西欧に於いて定められた如く単に肯定と否定との二つがあるだけではない、その外に第三の両非と第四の両是とを加えて初めて完備される。西欧の論理はただその一片をとって、他の二つを見出すことができなかった、たとえこれを知っていても、それはロゴスではなく、パトスであると考えるのみであった。しかし論理がロゴスに限られていないのは、人間が西欧人だけではないのと同様である。パトスは論理でないというが情理は芸術の法則であり道理は人倫の典範でなければならぬ。白人のみが人間であるというのは何という倨傲であろう。明治の始め或る若き数学者がドイツに留学したとき、或るドイツの大学教授は、日本から数学を学ぶために来たというが、今にアフリカの猿がやってくるであろうと放言したという。私はこれを安井琢磨氏の著によって知ったのであるが、果たしてドイツの学者が言うたか。言うたとしても座興にすぎなかったかもしれないが、それにしても西欧人が如何に東洋人を軽く考えていたかは推量に難くはない。我々はこの差別観に憤激を感ずるとともに東洋思想の本領を彼らに示してその倨傲を摧かねばならぬ。否、人類はイデアルティプスによって夫々に異なるというが、等しく人間である以上は世界的なる根本思想を人類の根拠に求めねばならない。

一二 「無」の根拠づけとライプニッツの「理由」

1 ライプニッツの根拠論の合理主義的傾向と内在的批判

西欧の哲学史上根拠の原理を意識的に問題とした最初の人はライプニッツ(Gottfried Wilhelm Leibniz, 1646-1716)である。彼がアリストテレス以来の思想の論理の外にこれを問題としたのは何故であるか、またそれを如何なる手続きによって展開したか等々の問題はここに詳述することができない。重要なことは、彼がこれを新しい原理として導入したのは何のためであるか、またそれによって西欧の哲学思想は何を収得し得たかを略述することである。

所謂思想の三法則(同一律・矛盾律・排中律)は文化がギリシアから西欧に伝播すると共にめざましい発達をとげ、如何にも西欧の学的体系(の根幹)を思わせるものであったが、思想とは要するに人間の考えであり乃至は考え方の方式であって、ものの存在についての研究ではない。事物があって、それについて我々が考えるのであって、考えることによって事物があるのではない。殊に十七世紀に入り自然科学が勃興し始めると共に、この考え方が有力となった。ニュートンが生れたのはライプニッツに先だつこと四年であり数学での微積分の発見は大凡同時代であったといってよい。思想の原則よりも事物の存在の根拠をたずねることがこの時代の中心問題となった。ライプニッツはこの点に於いて中世から近代に移る学問の転機をニュートンと共に担っていた。近代における目ざましい自然科学の発達がニュートンによって啓かれたというならば、思想界に於いてこれに相並ぶ人はライプニッツを措いて外にはないと言ってよいであろう。

しかしライプニッツは十七世紀の人であるから、未だ多くの中世紀的なるものを残している。それは第一に、彼が真理を二分したことである。科学は主として「理性」(raison)を研究方法とするものであるから、真理は第一に「理性の真理」(verité de raison)でなければならぬが、彼はこれと並んで「事実の真理」(verité de fait)を明別した。事実の真理は専ら経験によって得られるが、理性の真理は主として人間に固有な理性に基づく。

この区別は明晰であるが、しかし両者の関係は如何であるか。この問題についてライプニッツは事実と理性とは単に分たれた二者ではなく、理性が常に根拠となって事実はこれによって基礎づけられるという方向に傾いている。これは彼の明言するところではないがその所説はこのように解釈せざるを得ないように見える。もしそうならば存在の根拠は「理性」であり、事物の拠って来るところは「理由」とならざるを得ぬ。ライプニッツが発見したのは「理由律」であるとすれば、根拠は「理性によって」であって明らかに「合理主義」とならざるを得ぬであろう。事物の拠ってあるものは「理」であり存在の由ってあるものも「理」でなくてはならぬ。

「理由」とは理に由り、理に基づくものでなければならぬ。事物はそのよって来るところを明らかにすることによって真となるが、そのよるところとはその因ではなく、又はその依って(縁って)ではなく専ら「理」であることとなる。根拠は「理法」であって、その他の何ものでもありえない。理由なしに(sunder warumbe)ではなく、理由あってこそ事物は存在するのである。そこに一輪の花が咲いている。しかしそれは何故に咲いているのか、それを問うことは学問の仕事でありながら、我々はそれを知らない。花は種子を因としているが、花がなぜ美しいのかは別の理由による。しかもその理を知ることができぬ。問うことさえできないのである。それを知るのは神のみであって人間のことではない。しかも人は花の美しさをめで、これにあこがれているのである。それを神のみぞ知ろしめすと信ずるのは宗教であり中世のことであった。近代人ライプニッツはこれによって満足することができない。凡てについて凡ての理由を知らんとするのが科学の仕事であった。近代の先駆者は神に代えるに「理性」を以てせんとする。ここに理由律の中世から近世への転化があった。

「事実の真理」は単なる事実なるが故に真であるのではない。事実の理由が単なる理性でなく尚その上に経験であるからでなければならなかった。これが後に理由を「充足理由」(der zureichende Grund)たらしめた所以(さらには理由)である。理性の根拠は必然的ではあっても何か欠けたものが——不足のものがある。理由は充足したものでなければならぬ。必然の外に充ち足りたものでなければならぬ。

カントが「経験」を重視したのも認識に充足を求めたためであろう。科学の原則は必然にして且つ充分でなければならぬ。

ライプニッツには未だ「充足」の要素がなかった。或はそれが充分ではなかった。カントが後に鋭く指摘した所以である。彼が経験と先験(理性)との結合を彼の哲学の主要問題としたのもこの理由によるものと言えよう。尤もライプニッツも早期から充足理由について言及してはいた。例えば一六八六年七月の、アルノー宛書簡の中に次の如き言説がある。「命題中の語の結合には常に何らかの基礎が存せねばならぬ。この基礎はそれらの語の概念中に存在しなければならない。これが私の大原理である……この原理の一つは、何ものも根拠なしには起らない、という上級の公理である」(ゲルハルト版『全集』第二巻、五六頁)。また言う、「形而上学に於いて我々は殆ど何ものをも仮定しないがただ次の二大原理を仮定する。一、矛盾と、二、何ものも理由なくしては存せぬということ。即ち真理は悉くその先天的(a priori)証明を持っており、その証明はその語の概念から導出されるものであるということ。もちろんかかる分析を行なうことが我々の力の及ぶ所でないとしても」[12](ゲルハルト版『全集』二巻、六二頁)。日附けはないが同じ初期に属するのではないかと思われる論文中の別の箇所で、ライプニッツは偶然的命題の先天的証明について一層正確にのべている。というのは賓辞が主辞について真に確言される度毎に、主辞と賓辞との間には何らかの結合が常に成り立つものと判断される。即ちAがBであるか、或いはBが真にAの賓辞であるかならば、Bは常にAそのものの中にあるか、又はその概念は何らかの仕方でAそのものの概念の中に含まれているのである。しかもこのことは永遠真理の命題において絶対的必然性をもって成り立つか、偶然的事物に於いて神の律法に依存する一種の確実性をもって成り立つかであり、然もこの神の律法は決して勝手気儘な、基礎のないものではなくて常にそれ(=偶然的事物)が与えられうるための何らかの根拠を持ち、この根拠そのものは概念の分析から演繹されうるものである。……このことこそは何ものも原因なくして起らず、何ごとも根拠なくして存在せぬと言われる所以のものである。

以上のライプニッツの初期の陳述は充足理由についての所説とも違っているように見える。そこには未だ原因と根拠との原理が明晰に区別せられず、ましてや我々の言わんとする理由の法則とは相去ること程遠い。彼の所言はまた、凡ての存在はその根拠をもつことなしには存在しないという一般的信仰に止まっている。彼の信仰は偶然的なる事物に於いてさえ何らかの根拠を求め、逆に求め得ぬ場合には神の律法をさえ引用するに躊躇しなかった。これはライプニッツの在世時が尚中世とのつながりを切断するには尚早であったことの外に、彼の性格が余りに寛容であり、後年「個」の問題に当って恬然として「予定調和」の説を唱道したことによっても証明せられうることであろう。

ライプニッツの哲学にとって上位の原則は矛盾律と理由律とであった。前者は必然的であるが、後者はむしろ偶然的であり、偶然的なる世界にも存在の理由を賦せんとしたのがライプニッツの立場である。彼はシーザーの行為にもその理法を明らかにせんとした。シーザーの行為は勿論シーザーの概念中にふくまれてはいるけれども、「賽は投げられたり」と決定したものは何の理由によるのか。神は凡ゆるものを創ったが、特にこの愛子たる人間を創造したのは何の根拠によるか。それは善意であり、何よりも愛に基くのであるが、悪逆なる人間の少なからざるは何の理由によるのであるか。シーザーの決意にも神の召命にも何らかの律法があるとすれば、貴まるべきは英雄シーザーではなく彼を決意せしめた理法でなければならぬ。絶対なるものは神の意志ではなく神の律法でなければならない。理法を求めて偶然なるものに来るに及んだのは哲学者の徹底性であるが、律法を神の上におき、神の行為の律法とすることは神に対する冒瀆ではないか。

理由は必然でないのみならず充足をも欠く。理由は単なる思想ではなく充足された理由でなければならぬ。この充足をア・プリオリにではなく、ア・ポステリオリなるものに、先験的な必然性にではなく、経験的な与件に求めんとしたのはカントであった。大陸の合理主義に飽きたらずして、寧ろ英国の経験論に思いを寄せて、この二つの要素が如何にして必然なる結合にまで至りうるかを考究せんとしたのはカントであった、カントの認識論であった。

2 存在を由って来らしめる根拠としての無

理由が充足されるのは理性によってでなく、神によってでさえなく、外なる存在であり存在として与えられたものでなければならぬ。ライプニッツの理由律は要するに合理的なるものであった。存在の根拠となるものはraisonであって、その他の何ものでもなかった。これに反して我々の理由の原理は単なる「理性」ではなく、況んやロゴスではあり得ぬ。またそれは再び存在であってはならぬ。存在が存在によって存在するのは因果の関係であって自然科学的立場に於いてのことであり、事柄が他の事柄に依存するのは縁起的生成に於いてである。理由律に於いて重位を占めるものは「理」の何たるかではなく、「由って」如何、という仕方の関係であらねばならぬ。由ってということは因ってでもなく、縁ってでもない関係の仕方であらねばならぬ。根拠づけるのは由ってくるところのもので、依って如何なる根拠であるかということではない。さらに一歩をすすめて我々はこう言わんとするものである。よって来るのは何に依るかに問題があるよりも、むしろ「よって来る」ことそのことが何を意味するかということになければならない。何が「よって来る」ことを支配するかは、寧ろ従位を占めるにすぎない。我々はあくまでも「よって来る」ところの根拠を問う。理由律が「根拠づけ」を中心問題とする限り、まさにかくあるべきであろう。しかもこの点に注意すれば根拠づけるものが何であるかよりも、果たしてそれがあるかどうかということが重要な問題とならざるを得ぬ。そして我々は大胆にも次の如く公言せざるを得ぬ。――存在を根拠づけるものは、再び存在ではなく、むしろ存在に非ざるもの――即ち無でなければならぬ、と。

しかしこれは恐るべきことである。我々は存在の根拠を求めながら却ってそれが無いという。我々は求め得ないものを、又は求むべからざるものを、敢えて求めんとするのではないだろうか。

しかしこの質問は恐るるに足らぬ。なぜなら我々が遂にこれを求め得ないということはこれを放棄することでなく、まさにそういうことを根本的法則としているからなのである。それはまさに無を根拠としていることである。存在の根拠を再び存在に求むることは重複であり、無限の逆行を誘致することとなるから、これは完全なる根拠づけとはなり得ない。むしろ存在の根拠はそれ自らに於いてあり、その他の何ものにもなく何処にも求め得られぬ。それは一見根拠の法則を壊滅せしめるように見えるが、決してそうでなく、却ってこの法則を確立する所以であるからである。それは、存在の根拠を与えるものはそれ自らを措いて何もない、他の如何なる存在に於いてもない、それは無である、ということを証明するからである。

3 「理由なしに」の思想の先例

かつてライプニッツと殆ど年代を同じくして、ドイツ北辺にアンゲルス・シレジウス(Angelus Silesius, 1624–77)という詩人があった。この人はもとScheffler という名の医者であったが、後に詩人となって所々を漂浪し神秘的な多くの詩を書いてかなりに有名となった。ライプニッツとも親交があった。数葉の手紙がライプニッツ全集の中に残されている。彼の『瞑想詩集』(一六五七年)中の一篇、Ohne warum(なぜということなしに)は、まさにエックハルトの sunder warumbe を思わせるのみでなく、思想的にも酷似していて興味深い。この一篇では次の如く歌われている。

289　Ohne Warum

Die Ros ist ohn warum, sie blühet, weil sie blühet,
Sie acht't nicht ihrer selbst, fragt nicht, ob man sie siehet.

二八九　なぜということなしに

バラはなぜということなく存在する、バラはそこに咲いているが故に、そこに咲いている。
バラはそれを自らは意識していない。人が自分を見ているかどうか気にかけていない。(13)

我々はここに、トマスに対するエックハルトの、ライプニッツに対するシレジウスの鮮かなる対抗を見出す。前者〔＝トマス〕に於いて存在を基礎づけるものは依然として存在であったが、後者〔＝ライプニッツ〕に至って raison となった。しかし存在の根拠をさらに他の存在に求めることは我々に無限の逆行を誘致するにすぎず、存在の根拠を「理性」に求むることも徒に自然神学の主知主義に陥るより外はない。エックハルトもシレジウスと共に神秘主義者としてこのことに反抗したことは誠に然るべきことと言わねばならぬ。しかしこれらの人々をミスティシズムとして一概に蔑視することは許されない。神秘主義にもそれ自らの論理がなければならぬ。そうでなければこれらの人々は思想の埒外に抛り出されてしまわねばならぬから。

エックハルトもシレジウスも共に sunder warumbe を高唱した。それは何故であったか。なぜならばそれをいくら呼唱しても、その何故であるかを知り得ぬからである。存在の根拠を再び存在に求むることは無駄であり、それを「理性」に求めることは失当であるからである。エックハルトはキリスト者であったから所詮は神にまで至り、凡てを神によらんとし、シレジウスは詩人であったからして神の詩としてこれを歌い又は讃め上げた。

しかし我々にとってはこのことも容易ならぬことである。我々にとっては sunder warumbe を額面通りに乃至は文字通りに理解するより外に何の手段も方法も残されていない。つまり我々は「理由なしに」ということを唯一の理由とするより外にはない。そこには何の理知のよるべきものもなく、何の由来も探し求め得ずして残されたものはただ「理由なしに」ということのみである。何という悲惨なことであるか。

しかもこれ以外に何もないとすれば、我々はまさにこのことに由るより外はない。それは要するに何の理由もないということであった。理由と言うものを、存在に於いてではなく非存在に於いて、有るということにではなく無に於いて、求むるより外にない、ということである。理由のないことが唯一の理由となることである。sunder warumbe が即ち理由となるということである。

一三　レンマの論理的体系化と「即」および「非即」の理解

1　吾々の「無」と所謂「絶対無」

しかし以上のように言えば、「理由」とは何であるか何を意味するのか、無きものをあるものとして考え、且つ取扱うことは明らかに非論理的であり、学問の名に価しないことになるのではないか、と反問されるであろう。然り、誠に然りである。

しかし我々のいう「無」とはただなる無ではない。肯定に対する否定でないのみならず、否定をも否定するところのものである。それはロゴス的否定でなく、レンマの否定であり、まさにそうでなければならなかった。具体的に言えば、それはロゴス的な否定ではなく、その否定をも否定するものであった。それは有でないことは勿論、無でさえもなかった。

然らばそれは有無を超越する無であるといわんとするのであるか。しかしこのとき超越とは何を意味するのであるか。我々はこの表現に迷わされてはならぬ。それに対する答えは一見するほど容易ではなく、ややもすれば我々の理解を超越するものである。それは有に対する無ではなく有無を超越した無であるといっても、その何たるかは容易に氷解せられうべくもなかった。それは相対無ではなく絶対無であると答えられても、その意味の何たるかを理解することは容易ではないであろう。先ず有無の他にこれらを離れて絶対無があるというのか。そうならば、それは無でなくして有でなければならぬ。それは絶対無として何らかの有るものでなければならぬから。無いものではなく、無いものとして有り、しかも絶対的に有るものでなければならぬからである。

世にこれほど不合理なことはない。たとえ無であっても有るものである以上、一つのものであり或る者であるべきであろう。

絶対無は有を否定し、無をも否定する。その点に於いてそれは有無を超越しているという。しかしそうならば絶対無はまた否定せられて何ものも残り得ない。ニヒリズム(虚無主義)とは即ちそれを意味し、それを立場とする一つの主義であった。しかし絶対無とはニヒリズムでなく、ただ有無の外に第三者としてあり超越する、というならば、この絶対無と有無とは果して如何なる関係に於いてあるのか。超越を包越と理解してこの問題に処せんとする人もあるが、これは一種の狡智にすぎない。超越とは包み包まれる関係であると言っても、包むとか含むとかいうのは、そもそもどういう関係であるか。これは問題を解決したものであるよりも、ただ延長したものにすぎぬであろう。

無と有との対論は大乗仏教に於いて中観派と唯識説派との中心問題であるが、我々はこれを特に仏教思想としてではなく広く「存在の根拠」として考察せんとするものであるから、ここには深く立入ろうとしない。それについては山口益の『仏教における無と有との対論』(一九四一年)という名著があるから、ついて見られよ。

この問題に対する我々の立場は所詮ロゴス的論理との峻別を土台として絶対無を第三のレンマとして取扱わんとするところにある。従ってこれらの所説は、私の旧著『ロゴスとレンマ』を前提とするものであり、それが容認せられる限りに於いて理解せられ、それに不服である以上、逆に正解せられることは勿論、理解せられることさえ不可能であることは、誰よりも自ら知るところである。私は広く人間の思想の発展を考究して、西欧と東洋との間に大なる区別のあることを見出した。もとより両洋の人々も等しく人間である限り、思想も根本的に同様である筈であり、またあるべきことは勿論であるが、その間の区別はただ黄白黒の外面的差別に止らぬ種別のあることは何人も認めるところであるであろう。

2　ロゴス的西欧的論理とレンマ的東洋的思考

西欧人の思想の論理は肯定と否定との二から成り、且つ二つに限られているが、東洋人(特にインドに於いて)のそれは、その外にさらに二つの方式を加えて、凡て四つの区別をもっている。肯定と否定とを土台とする論理をロゴス(logos)的と言うならば、四つの方式を有する東洋のそれはレンマ(lemma)的と名づけてよいであろう。

レンマとは私の仮称であって未だ学界で遍用の術語となっていないが、その起源は λαμβανω から来り、直接に「把握する」「把住する」ことを意味する。ロゴスが λέγω から由来し所謂論理的であるに対して、レンマは直観的に確実に把え、又は摑まえることを意味する。従来ロゴスは論理的・合理的であって、西欧の自然科学はこれを加えることによって学問となり、それなしには非学理的であると考えられたに対して、私は人間の認識には尚この外に二つの方式があり、必ずしも推理的でなくとも思惟の働きとして優に一つの論理をなしていることを指摘した。

かつてロゴスとパトス(pathos)を区別し、これを東西両洋の思想の特色とせんとする人もあったが、これほど安易にして愚昧なることはないであろう。西欧人はロゴス的であり日本人はパトス的(情意的)である、といっても、西洋にも文学があり、東洋にも学問があったはずである。いい加減な直観的情緒主義を探し出して、以て西洋の科学的精神に対抗せしめんとするほどみじめな東洋であったのか。

レンマとは人間精神の第三・第四の方式をいう。肯定と否定とのみからなる論理を一連としてそこから同一律・矛盾律・排中律の三法則を発見し、以てアリストテレスからヘーゲルに至るまでの論理を発展せしめたのは西欧のロゴス的論理であり、これらの論理によって、めざましい西欧文化を繁栄せしめたものが西欧の論理であった。しかし人間の思惟の方式はこの二つに限られていない。それに加えてその外に尚二つの方式がある。それがレンマの論理であり、主としてインドに於いて発見せられ、中国・日本に於いて特殊なる文化を造り上げる根本原理となった。

3　レンマ、即ち四句分別を論理的体系化する試み

レンマの方式は元来インドに於いては「四句分別」と名づけられ、例えばサンジャヤ(Sañjaya)の首唱するところであり、大乗仏教からは正当なる論理としてではなく、むしろ外道の一派として取扱われたものであるが、我々から見ればそれは不当である。むしろそれはインド人に遍通な論理として凡ゆる人間の思考方式であると言わねばならない。何故に大乗の人々から退けられたかは懸かって次の一事にある。もしそれ(=四句分別)が論理の体系としてではなく、単に人間の考え方の四種類として取扱われるならば、たしかに大乗の学たる資格を欠く。それは一般人の考え方であり、乃至は話し方の種類であって論理の原則と言うほどのものでないかもしれぬ。しかし如何に深遠なる論理にしても、人間の一般的思考の事実を無視して成立し得るものではない。

四句分別は凡ゆる人々のとりうる思考方式であり、いやしくも人間である限り人間のとり得る、又はとらざるを得ぬ方式である。我々がものを考えるとき、必ずこの四種のいずれかによってするより外はない。その方式の凡てを網羅したものが四句分別であって、大乗仏教はこれを精錬して、とにかく思考方式として羅列したものに外ならぬ。

その証拠として次のことを我々は言わんとする。四句分別は人間の考え方、又は話し方の種類として決して過っていない。その欠点はむしろ四句の配列如何にある。第一、肯定、第二、否定、第三、肯定にして否定、第四、肯定でもなく、否定でもないもの。その配列は人間の四つの考え方を示しているが、そこには未だ論理はない。単に種々ある考え方の羅列に止まっている。

それがサンジャヤ一派の幼稚なる所以であり、大乗の立場からは「外道」と批判された理由があったのである。我々は第三と第四との順序を逆にして、第三のレンマは両非であり第四は両是であるごとくに改造しなくてはならない。それによって単なる思考の方式が一転して論理の方式となりうるからである。現実の存在としては肯定もあり否定もある。種々なる現実、様々の意匠をもつものが現実であり、日常の実存である。そしてこの現実の根拠として第三のレンマがあると考えることによって初めて論理の体系が成立しうるからである。

西欧の論理はただ肯定と否定との二つによって成り立ち、その外に何の方式もなかった。然るにインドの論理は第三、両非と第四、両是との二方式があり、これを加えて四つのものが思惟の方式となり、そして論理の体系をつくっているのである。従って第三と第四との配列が重要なる問題となる。これをただ思考方式として見るならばサンジャヤの如くして可なりであるが、それは厳密に言って論理ではなく、ただ、四句の分別であるにすぎない。

我々はインドの論理の特徴として第三と第四とを逆にすることによって、一つの新しい(西欧にはないところの)論理を取得することができるわけであり、私が特にレンマという新術語を作ってそこにインド人の思想の論理を確立せんとするのは、偏えにこの理由によってである。思えばこのことはささやかなる業績であるが、しかし、もしこのことによって外道の思想がインドの論理の中軸となって、よって以て東洋の思考方式が西欧のそれとは別に新しい一つの論理体系を構成し得るとすれば、決して些細なことではなく、少なくとも私にとっては望外の喜びであるといってよいだろう。私はこの発想を宇井伯寿氏の『印度哲学研究』第二(三六四頁)から得た。氏によれば、これは一つの amarā vikkhepa であると言う。玄奘がこれを「不死矯乱論」と訳したのは誤りであり、amarā は決して a-mara (不死)ではなく、パーリー語の「鰻」を意味すべきであるという。若しそうならば、私の解釈は一つの鰻論であり、鰻のように捕えどころがなく、少なくとも鰻のようにヌルヌルとして捕え難いものとなると笑った人もある。しかし私はこの嘲笑を恥とはしない。むしろ誇りとしている。なぜなら第三レンマの公式は肯定でも否定でもないということであり、然らばそれは何であるかは捕捉し難いからである。しかしそのような捕えがたい論理が東洋にあり、往々にして日常の生活にも現われることの如何に多いことか。西欧人は肯定か否定かをはっきり言う。その外に第三のものはなく(排中律)、断然たる態度をとることを是とするが、我々はともすればその孰れかを明言せず、むしろそれを断言しないことを謙譲の徳としてたたえることすら多い。これは是非の問題ではなく、東西両洋の人種のそれぞれなる特色として考えるのが至当であろう。我々日本人は余りにこれを美徳とするが故に却って誤解を招き厚情を失うことさえあるであろう。

4　西欧の「否」から東洋の「非」へ、更に「即非」へ

しかし私がこのような日常事をここに誌すのは、決して些事ではなく、況んや無用のことではなかった。これによって「無」を西欧的な「否」としてではなく、東方的な「非」として理解しうる途が開かれると思うからである。

西欧の「否」は主として「肯」に対してこれを否定する概念であるが、我々の否定は肯定を否定するのみでなく、否定をも否定してそこに一つの新しい「非」の概念を措定せんとするものであった。更にこの「非」の上に立ってそこから現実なる肯否の概念を確定せんとするものであった。しかもこの否から肯に移る途とその運用と

が、「即」の論理を形成する根拠となるということに注目せられねばならない。それは明らかに「即非」の論理と名づけられてよいであろう。推理の論理ではなく直観の論理であると考えて至当であろう。しかし我々の最大の問題は「即非」に於いて非と即とは如何なる関係にあるかということである。鈴木大拙博士は「即非」の主張者として有名であるが、この論理は単に題目として一息に称号すれば足るというようなものではない。念仏者の如く他力を頼んで称名すればよいというものでなく、新しい論理によって自ら解決すべきであろう。直観主義にも一つの論理がなければならぬ。それはロゴスの論理ではなく、レンマのそれであるべきこともまた既述の如くであると思う。

非は不でもなく否でもない。肯定に対する否定ではなく、否定をもさらに否定するものである。形式論理に於いては否定の否定は肯定となるべきであるが、我々にとっては決してそうはならない。二重の否定はもとの肯定に帰るというのは形式的又は数学的にしかすぎない。覆水盆に返らざることはむしろ常識であり、少なくとも現実の証示するところであろう。非が肯否を共に否定するのはそれ自らそうなのであって、他によってではなかった。それが相対的否定ではなく、それ自ら非存在であることは、しかし何を意味するのであるか。それが第一に肯否孰れでもないものであるならば、そうしたものとして有るものであり、更にはあるものであり、何ものかでなければならぬ。それ〔＝非〕がそれ自らに無きものであるとしても、その限りに於いて或るものであり、或るものは即ち在るものでなければならぬ。

して見れば、それ〔＝非〕は無ではなく有であり、少なくとも在るものでなければならぬこととなる。絶対的無は所詮一つの存在であるべきであるか。しかしもしそうならば、それは無ではなく、無として在るものとなってしまう。無を立てんとして却ってそれを失うこととならざるを得ぬ。絶対の無性とは果して何であるか、あるべきであるか。

5　絶対無の二重性と存在の根拠づけ

我々は玆に至って、絶対無の二重性に注意せざるを得ない。

絶対無は肯定でも否定でもなく、その限りに於いて肯否を超越しているが(第一性)、しかしそれとともにむしろその故に肯否との関係をふくんでいる。それは肯否とは別のものであるが、それを離れたものでない。それが絶対であるのは肯否に対してであり、その限りに於いてこれらと離れながら、寧ろその故に関係している。それは絶対無という或るものではなく、肯定でも否定でもないということそのことである。無という絶対的存在ではなく、肯否孰れでもないというまさにその点において肯否と関係している。絶対無は、この関係が如何にもせよ、とにかくこの関係なしには有り得ないものであり、或はむしろこの関係それ自らであり、それを無視しては何ものでもないという第二の性質をもっている。この関係が包含とか包越とか種々に考えられるが、とにかくそうした関係なしには、それは絶対無であることができない。重ねて言う。絶対無は或るものとしてそうしたものがあるのではなく、この肯否の関係への志向に於いて自らが自らを措定するものでなければならない。このことは次に肯否の面から考えても明瞭であるであろう。現実の存在が肯否の様々なる様態をもって存在するのは、それが肯定でもなく否定でもないという論理に基づいているからである。この基礎条件なしには現実の存在はどこにもなく、また如何ようにも存在し得ないのである。それは第四のレンマと第三のレンマとの関係をまさに語る。

現実が肯定であるか否定であるかは実存が（マヽ）[14]その孰れでもないことによって可能である。この根拠なしには肯否の区別がないのみならず、そのいずれでもあり得ぬからである。レンマの論理はまさにそのことを可能ならしむるものであり、この論理なしにはロゴスの論理さえ不可能となり、絶対無は文字通りに何ものでもなく何ものとしてもあり得ぬこととなるであろう。

ロゴスの論理はむしろこのレンマを根拠として成立する。レンマの論理はロゴスに比して、更に根柢的にあるといわねばならない。

しかし以上の如くであるにしても、絶対無は無であり、有るものでなく無であらねばならぬ。存在の根拠は却って存在によって根拠づけられるというのも、この理由によってである。そしてそれは存在の根拠は要するに、どこにも見出し得ぬということであった。有が無によって根拠づけられるというのは、存在には根拠がないということと同断である。これはどうしたことであろうか。存在の根拠を求めながら要するにどこにもないとわかれば、ゆゆしき大事であろう。

しかしここに於いても我々は驚き慌てる必要はない。むしろそれが我々の結論であり、我々のまさに言わんとするところであるからしてである。存在の根拠が無にあるとは、無ということがその根拠をなしているということである。そこに何らの根拠がないということではなく、まさにそういうことが根拠となっているということである。根拠がないということが即ちその根拠をなしているということである。それは果に対して因がないということと同様ではない。因果に於いては果に対して必ず因があり因によって果がある。しかし、理由の法則には必ずしも由って来るものがなければならぬということはない。少なくともその由来するところを我々が知らぬということは往々にしてあり、またあり得るのである。むしろそういう場合が本来であるとさえいわねばならぬ。我々は何故にこの国に、この時代に生れたかを知らぬ。我々が日本人として生れたのは何故であったかを知らぬ。それを願っても、何に、そしてどこにこれを祈ってよいかを知らぬ。自然の事物は因果の法則によって定められているが、人間のことは我により我から始まる。理由があるといっても、それは必ずしも論理的な理由によるのではない。ロゴス的原因に一定せられてはいない。我々がどこに生れ、誰の子として生きんとしてもそこに自由はない。生れざらんことを願い、寧ろ生れざりせばということが残されたる唯一の希望であっても、生れたる以上は如何ともし難い。ただ悲運に泣くより外はないであろう。人間のことは、自ら始め、初めあることによってそこにあり、そこに在らざることによって終る。それが理由であった。人はこれを運命と名づく。僅かに自然をとどめているが、自由によって自らが自らを律し、そして生きてゆくのである。その由って来るところに理由はない。人間の運命はむしろ理由なき理由でしかあり得なかった。

原因のない原因はないが、自由なき自由は何によるのであるか。自由は自らに由るものであるから他人に律せられず、自らに由り自らに始められるから一つの王国をつくる。人はそれぞれにその王国をもつ。これを持たぬときは人は物となって死す。死とは存在をもたぬことであるよりは、自由を失うことによって定まる。自由とは人間のことであって断じて事物のことではあり得なかった。

自然の事物は因果の法則によって存在するが、人間の生存は理由なき理由によって始まり、そしてそれに支えられている。理由なきことを唯一つの理由とするが故にそれは非でなければならぬ。

非とは何であるか。それは否であり不であるが故に非在であるが、それはその意味に於いて一つの存在であり、存在に非ざる有るものでなければならぬ。それ（＝非）はそれ自ら否であり不でありながら、単なる非存在ではない。それは否をさらに否定するものとして却って有るものを根拠づける。非在は不在や否在の基盤にあってこれらを成立せしめるものである。不在は一時的な非存在であるが、永久の不在は非在である。不在とは仮初なる留守にすぎないではないか。非とは否や不の根拠をなすもの(15)であるという、このことは、然しさらに一つの原理的なるものをもたらす。それはこうであった。

6　第三のレンマから第四のレンマへの直截的転換、「即」

第三のレンマは非の世界を構成するものであるが、それは非という或るものではなく、肯でも否でもないということ、そのことである。それは肯定を否定するのみならず、否定をさらに否定することによって非の世界を形づくるが故に、否と不との根拠は非の中になければならない。この根拠によって第三のレンマは直ちに第四のレンマにつながる。この転換は直截にして端的である。その間に何らのロゴスを容れる余地もないほどである。直観の論理というものがあるとすれば、まさにこの関係であり、この関係を措いて外に何処にも求め得ないほどである。それはこうであった。第三のレンマが示すように、それは肯定でないのみでなく、否定でもない。即ち両非であるということからして、それ故に肯定でも否定でもあるという第四のレンマにつづく。この連関はまことに直截であり端的であって、その間に一髪をも容れぬほどである。この関係を証示するものは直観であって論理ではない。況んやロゴスの論理でなく、言わば直観の論理であるといわねばならぬ。その転換は文字通りに手の表裏をかえすが如くであろう。そして「即」とはまさにこの関係を表示するものであり、これをそのように名づけることは誠に相当であり至当であるとさえ言って差支えないであろう。

鈴木大拙氏はこれを「即非」の論理と名づけて高説した。そして東洋の思考方法はこの論理であり、またそれによって特色づけられるべきことを強調した。まことに天才的な着想といってよいであろう。

しかし私をして言わしめれば「即非」は「非即」と改められる方がよいのではないかと思う。なぜならば非の思想から即の関係が生ずるのであって、決してその逆ではあり得ぬと思われるからである。殊に第三と第四のレンマをどういう順位におくかは単なる席順のことではない。いずれを先にし、何をその次に置くかは単に席次の問題でなく原理的な問題を蔵するからである。第四のレンマを第三位に置けばそれは「四句分別」であって、思考の方式ではあっても論理とはならぬ。サンジャヤの四句分別が外道の思想として退けられたのも、この理由によるのである。第三と第四を彼の順序におくことは「四句分別」を人間の単なる思考方式と見るか、又はこれを新しい論理の原則たらしめるかの分れ目である。「即」によって「非」があるのではなく、「非」によって「即」がありうるとするのは仮初なことではなかった。我々にとってはまさにLebensproblem(死活問題)であり、これを承認しない以上、我々の論旨は崩壊せざるを得ぬこととなるであろう。即非と非即とを単に語の配列の差と見ることは、かつて中国に於いて席次の上下が道徳の原理と見做されたことと同一視することができない、決して児戯に類することではなかったのである。

一四　ロゴス論理の「矛盾」と即非思想の「理由」

1　即非の思想とロゴスの論理との端的な区別

即非の論理は『金剛般若経』を出典とする。同漢訳、第十三章に「仏説般若波羅蜜多即非般若波羅蜜多、是故名般若波羅蜜」、「如来説世界、即非世界、是名世界」とある。また第十七章に「所言一切法、即非一切法、是名一切法」(羅什訳)[16]。この表詮の仕方は金剛経三十二章の至る所に見られるものであるが、我々はそれを如何に解すべきであるか。素よりそれは修法上のことであって思惟の遂に窺い及ばぬところであるが、しかし我々も人間であるからには一通りの理解をもち、一種の説明を施すことができるであろう。たとえそれが過誤であるとしても、それをそうであると知ることさえ一つの人間の知識であると言えないだろうか。

それにしてもこの表式は所謂、論理的なるもの、ロゴス的な論証とは異なっている。AがAであるのは何故であるか、それはAがAでないからしてである——それは誰が考えても異常であり、矛盾でさえある。それは第一にAの存在をAによってではなく、Aならざるものによって基礎づけようとする。Aならざるものは非Aであり、Aを存在とすれば非Aは無でなければならぬ。それは明らかに有を無によって、又は無に於いて把えんとするものであった。西欧の論理は存在を存在によってとらえ且つ論証せんとするものであるが、東洋の論理は存在を非存在によって、有を無に於いて、把握し且つ論証せんとするものである。トマスの存在は「在りて在るもの」であり、アリストテレスの存在は「かつてあったものの、現にあるもの」であった。そこには無の片鱗をさえ見ることができない。在るものが在るというのに何の差支えがあるか、それが現に在るのはかつてあったものからであるのに、無から有ると論弁する必要はどこにあるか。在るものが非ざるものに非ざることは、勿論であり、of course であり、of course でなければならない。AはどこまでもAであるのにそれが非Aであるとはどうしても考えられないというのがロゴスの論理である。アリストテレス以来、カントをへてヘーゲルに至るまでの西洋の論理はただこの一筋につながる、——その一つの道をたどる外はなかった。

ところが般若の思想はそうではない。AがAであるのはAがAでないからであると言う。この論理をインド般若思想の原理であるとして指摘したのは我国の鈴木大拙博士の天才であり、それを未曾有の大天才として激称したのは秋月龍珉氏の天才である(秋月龍珉『鈴木禅学と西田哲学との接点』、一九七八年)。まことにそうであり、そうであるにちがいないが、しかしその天才ぶりの中にも尚多くの疑問があり、問題のあることを見逃してはならない。

第一にAはAでないという第二の公式は何によって言い得られるか。それが単に「無常」[17]という事実からと言われても、それはインド人のメランコリーであり、それを克服して楽土を築かんとする努力の欠如に責の大半を負うべきである。インドは古い国であり早発な文化の国でもあったが文明の利器の開発には著しく遅れをとった。インドが政治的にはかなり長い間英国の傘下にあったのもこの理由によるであろう。

インドの思想は「無常」と「無我」とであり、有に比して無の上位を認めることに於いて顕著であった。我国も東洋の一国としてインドを源流とするネガティヴィズム(敢えてこれをニヒリズムと区別してそう名づける)に影響せられる所が多いが、我国はもちろんインドではない。我々が有の根柢を無に求めんとするのも又別様でなければならない。

再び鈴木氏の論理にもどる。AがAであるのはAがAであるからではなく、AがAでないからであるという。これは明らかに逆説であり、西欧の同一律を破るものである。しかし逆説の論理は必ずしも矛盾の論理の否定ではない。矛盾の原理はAが存在すれば同時に非Aが存在しないということである、Aと非Aとは両立しないという原則である。然るに般若の論理はAが存在するのはAが存在しないからであるという。Aの存在の理由はAの非存在にあるという。Aと非Aとの両立はロゴスの論理では矛盾であるが、非AがAの根拠であるというのは矛盾でも何でもない、むしろそうあるべきであって当然のことである。

矛盾の原理はAと非Aとが両立しないことを——AがあることとAが無いこととは同時に主張し得ないことを意味するが、無と有とはそれ故にロゴス的に矛盾ではあっても、無が有の根拠をなすことは矛盾ではない。存在が同時に非存在であるというのはたしかに矛盾であるが、無が有の存在根拠であるというのは矛盾ではない。我々はこれを逆説というが、逆説とはただ正当に言わないで逆に言っただけであってロゴス的な過誤ではない。それ故に、漢訳金剛経では「所言一切法、即非一切法、是名一切法」とあって、一切法は無であるから一切法と名づけるという。そこではそう名づけるだけであって、必ずしもそうである、とはいわない。ただそういうだけである。有と無とは互に矛盾するからそれが有であれば決して無でなく、無であれば断じて有であり得ないが、無を有と言うのは逆説であり、ただそう名づけたものにすぎない。漢訳に於いて「名づく」とあるのは、果たして梵語の意をつくしたものであるかどうかは問題であるが、仮にそれを(18)かく訳すとして、それが単に言い方に止まるならば、ゆゆしき大事であろう。鈴木先生はこれを“Being is Being, because Being is not Being”と訳されているが、それは果たして英米人に分かり易いことであるか。逆に最も分りにくいことになるのではないか。それが分りにくいのは逆説であるからで、必ずしも矛盾であるからではないと思う。鈴木氏はここに“because”という語を用いられたが、それこそ問題である。“because”は我々から見ればレンマの論理であって、ロゴスの論理ではないからである。有と無とは存在的に同一ではないのみでなく、ロゴス的にも相容れないものであるが、レンマの論理としては優に成立する。それはこの両者が存在的に一でないことを言うのではなく、有の根拠が無にあることを意味するのである。

2　有の理由を無に求める般若思想はレンマ論理の立場

Aが何故にそこに存在するか、その理由を尋ねることが、即ち「理由」でありレンマの論理であった。それはそのものの原因をたずねるのではなく、そのものの存在の理由を求めるものである。存在の因って来るところを、又は存在の縁ってあるところを求めるのではなく、ものの「由って」ある根拠を説明せんとするものである。それがcause《〔ママ〕》を以てでなく、becauseを以て根拠づけられる所以のものでなければならない。AがAであることはAを重複することによってではなく、Aが非Aであることによって根柢づけられる。Aが存在するのはAが存在しないことによって基礎づけられる、——世にこれほど不合理なことはないという人があるかもしれない。しかしそれは決して矛盾でもなく不合理でもなかった。Aが即ち非Aであるというのは不合理であろう。しかしAが非Aに於いて基礎づけられるというのは、決して不合理でも不可能でもない。それはAが存在的に非Aであるということではなく、Aが非Aを存在の理由とするということを意味するからである。在るということと無いということとはロゴス的にはたしかに矛盾するが、非AがAの根拠となることは決して矛盾ではない。却ってそのことによってAと非Aとは同時に成立するのである。それはロゴスの論理ではなくレンマの関係であるからしてである。存在とその理由とは存在的に一なるものではなく、在るものと在らしめる根拠との関係でなければならない。そこに何らの矛盾はない。却って具体的にはこのことによって存在は存在しうるのである。存在とその根拠とは明らかに別なるものであった。それが一つであれば、根拠の論理は却って不可能となる。存在と無とは存在として決して同一ではない。これを一なるものと見れば、ロゴス的に矛盾していることはたしかである。この両者を異にして同であるというのは明らかに矛盾であり、ロゴス的には成立しない。矛盾とは一方が立てば同時にその反対者が成立し得ぬ関係であるから。所謂弁証法は矛盾の原理の逆転であり本質的にロゴス的であった。後に詳論したいがディアレクティクの論理は矛盾律の逆転であり、ロゴス的な西欧論理の精髄である。この立場に立つ限り、我々は西欧の論理から蟬脱することができないであろう。

レンマの論理はこれとは対蹠的に、寧ろ有と無とを根拠の問題として取り扱わんとするものである。それは存在とその根拠との関係を中心的問題とする。それは単なる存在の問題をめざすものではなく、存在とその根拠との関係を問題とするものである。この論理は、存在とその理由との関係を中心問題とする、存在が何によってあるか、存在の来るところがどこにあるかを追求せんとする。存在が原因から来るのか(自然科学)、存在が何に依ってあるのか、を問題とするのではなく、存在の由って来るところを主たる問題とするのである。それが我々の立場であった。レンマの論理によって取り扱われる場面であった。

この立場は、存在が無によって根柢づけられるということが不合理でなく、無理でもないことを公言し、憚からぬ。それは存在と無とを同一視するものではなく、画然として区別することが当然であり、むしろそれによって存在を実在たらしめる方途が見出され得るのである。

般若の論理はまさにそういうものであった。それは逆対応の論理ではあっても、矛盾のそれではなかった。弁証法の論理は形式論理の矛盾律を逆転したものであるが、般若の論理は一つの新しい立場を――レンマの論理をそれによって開発したものであると見ることはできないであろうか。これを以て西洋の論理を批判し、新しき東洋の立場を発揚することは正しい。しかし単に逆対応を矛盾の止揚と混同し、さらにはこれを弁証法論理の立場と解することは、我々のとらざるところである。況んや弁証法を哲学の唯一の立場と考える一派の人々には、あくまでも反抗せんとするのである。一時の流行として弁証法に非ずんば哲学でないといったのは、恰も平氏に非ずんば人間に非ずというほどの意味をしかもたぬ。況んやヘーゲルの弁証法がありうべき唯一の論理と考えることの、如何に甚だしき誤謬であるかを見よ。それはただアリストテレス以来西欧に発達したロゴス的論理の最後の、そして最優秀なる一つの立場であるにすぎない。人間の論理はさらに広く且つ深いものがあるべきであり、ありうるのである。

一五　絶対無の本質としての「即」

1　有を把握する根拠としての無

我々の所論は存在とは何かという問題を明らかにせんとするものであるが、我々は以上のごとく、存在を存在として研究せんとするのではなく、存在を非存在[19]である限りに於いて究明せんとする。存在[20]とは「有るもの」であるが、それは先ずはじめから「在る」ものなのではなく「或る」ものでなければならぬ。そして「或るもの」にして初めて一般に「もの」となりうるが、「もの」は物と者とに区別せられ、大体に於いてこの二つが「在るもの」の凡てをつくす。あらゆるものとは在りうる凡てのものを意味するであろう。しかし「もの」を定義して「物」とし、又は「者」と限定してもそれが何であるかは分らない。ものが在るものである限り何ものかであり、何かとしてのものは「有る」ことによってのみ「もの」となりうるのであるから、先ず「有る」とは何であるかが問われねばならぬ。しかしこのことは如何にして可能であるか。それは有ることを「無」いことによって規定するより外に途はないであろう。なぜならば有ることを定義するために、再び「在る」ことを、又は「或る」ものを以てすることは単なる重複であり又はただなる繰り言にしかすぎないからである。存在は存在であるということほど明らかなものはなく、たとえそう言っても何事も言ってはいないのである。もっとも、トマスの定義は——存在とは在りて在るものという——一見そのように見えるが、もとよりそんな浅薄なものである筈はなかった。それをそう解するのは、徒にその人の浅はかさを暴露するにすぎぬであろう。

有を定義するには無によるより外はない。しかしもしそれが単なる概念又は観念の対比によるとすれば、これまたもとよりとるに足らぬ。存在は第一に存在として厳たる存在でなければならない。また存在は存在しないものから生ずるということは、因果の法則によって自然科学から厳禁せられている。また存在は非存在に縁ってというのは余りに非科学的と難ぜられる。夫妻の存在は夫の存在に依ってあるということも余りに宗教的であろう。女性はたしかに男性ではないが、然しそれ故に女は男より生ずるとは言えない。ただ夫によって妻があるのみである。

存在を存在に因って説明せんとするのは自然科学であり、それを存在に縁って教示せんとするのが仏教であり、存在を存在に由って理解せんとするのが哲学の立場であった。自然科学はあくまでも存在から存在を生成せしめようとするが、宗教と哲学とは有を無によって説明せんとする。それらは共に無によって有を把握せんとするものであるが、しかし宗教に於いては、よってとは縁ってであり依ってであり、哲学に於いては「由って」であることは既に縷述したことである。

2　有の存在根拠たる無を無として把握する問題

ところで無をそのように把握するとき、我々は一つの大なる問題にぶつかる。無が有によってでなく、有が無によってあるとすれば、無は無でなくして有でなくてはならない、無という或るものでなければならない、ただに或るものでなく、まさに有るものでなければならない。果たしてそうなれば、それは無でなく有でなければならない、少なくとも無は有に対する或るものであるならば、無ではなく、何らかの有でなければならない、こうして有は無によってではなく有によってあることとなる。それでは自然科学の立場となって、何の変哲もないものとなってしまう。のみならず無が一つの有であるならば、両者の対論は無意味となってしまう。無と有とはそれぞれの存在を持つのではなく、有は無に対してのみそれによってあるのである。

無とは一つの存在でなく、有の存在の根拠でなければならない、有を有たらしめる所以のものでなければならない。無は有に対するものではなく有のよってある「理由」でなければならぬ。ここに於いて我々の問題は立場を一変する。有と無との対立でなくして、存在とその根拠との関係として登場してくるのである。我々は以上に、「よって」を三種(「因って」「依って」「由って」)に区別して来たが、これらは凡て存在と存在との関係ではなく、存在とその根拠との区別であった。存在の根本問題をこのように根拠の問題に引き戻そうとするのが我々の立場であった。有と無との対論といっても両者の存在の対論ではなく、その三種の区別をひたすらに、存在とその根拠の問題として取り扱わんとするものである。

これは問題の回避ではなく、問題の正当な提出であると信ずる、三つの「よって」はかくしてのみ正常なるものとして答えられうる、と信ずるからである。

さてそのような立場に於いて存在の根拠となるものは何であるか。それはまた何らかの存在であってはならぬ。存在の上に存在を、存在の下に存在を置くことは屋上屋を架することとなり、高々重複にすぎない。存在の根柢は無でなければならぬ。しかしこの意味の無とは果たしてあり、またはあるべきであるか。先ずこの無は、或るもの乃至は有るものであってはならぬ。存在は無によってあると言い、無に於いてあると言っても、それが何らかの「もの」であるならば、その意味は不明である。第一にそれが無であるならば、そのような「もの」はあるはずはない。それは如何なる意味に於いても無いものでなければならぬ。無は「無いもの」でさえなくして無いことそれ自らでなければならぬ、無いものを、又は無いことを我々は「無」と名づけていたわけであるからである。しかし無いものが如何にして、有るものの根拠となりうるか。無に於いてと言っても、無はひろがりとしてそこにあるものではない。無いものを有るもの(又は或るもの)としてそれ(=無)に於いてあらしめることは、どうして可能であろうか。

ここに於いて我々のいう無とは、果たして何であるかをあからさまに言詮しなければならぬ。

3 無は有無に対するレンマ的絶対的否定であり「即」の論理に属する

無は単に有に対する或るものではない。我々の言わんとする無は、有に対して有るものでないことは勿論、無をも無化したものである。それは存在に対する非存在であるのみでなく、非存在に対する無でもなくてはならぬ。そうでなければ無は一種の「もの」となってしまうからである。無は有に対して無きものであるのみでなく、無自らをも否定するのである。肯定と否定とを対せしめるのはロゴスの論理であったが、我々の言う無は肯定を否定するのみならず、否定をも否定する否定であり、ロゴスの否定ではなくレンマ的否定である。肯定に対する否定は相対的であるが、否定の否定はそれ自らを否定するものとして絶対的でなければならない。

旧著『ロゴスとレンマ』に於いてこの点を明述せんとすることが私の第一の仕事であったが、今に於いてその功過を問うべき場合となった。ロゴスの否定は肯定を否定するのみであるが、レンマの第三命題は肯定と否定とを共に否定せんとするものであった。相対的否定でなく絶対的否定であり、今はそれについて論述せんとしつつあるのである。絶対とは単に相対を絶するものではなく、肯否の両者に亙って共に之を否定するところから、自らが自らをも否定せんとするものであり、肯否の葛藤にふみこんで共に苦しみ共に働くものである。この点からして第三のレンマは、更に一つの大なる功用をなす。それはそれが肯否両者の否定であるからしてまた、まさに肯否両面の肯定となるということである。これは就中我々にとって重要である。肯定でも否定でもないからして、まさにその故に肯定でも否定でもあるということ――、これは第四のレンマであるが、そのことが端的に第三のレンマから出現するということである。第三のレンマが直ちに第四のレンマの根拠であるということ――、このことがまざまざと証示せられる――それが「即」の論理であった。単なる「同」又は「等」の関係ではなく、「即」の関係でなければならなかった。即とは時間的に即刻であり、むしろ時を隔てずして同等を表わすものであり、論理ではなくむしろ直観的なる関係であることは、誰の目にも明かであろう。* 大拙氏は「即非」と名づけたが、尚その密意に於いて徹底せず、論理としても説き尽していない。秋月龍珉氏はこれを受けて天才的な発見であると呼称しているが、〔大拙氏の「即非」は〕尚、非と即との関係について何の開明もなく論理としては歴史的にして体系的な把握を欠くと難ずるのは僻目か。「即非庵主」果たして如何。それとも、我々のいうことは論であってただ「一口に言え」と叱咤するかもしれぬが、そういうことそれ自体ただ一口に言いえるか。現実の世界には肯定もあり否定もある。これを絶するとは、ただこれらを否定することによってでなく、第三のレンマが第四のレンマの根拠となることによって、初めて完きを得るのである。我々はその順序を逆にすることができない。第三のレンマによって第四のレンマが生ずるのであって、決してその逆ではあり得ぬのである。

＊「即」をラテン語の sive と訳してもよいかのようであるが、これは誤りであろう。sive には or, oder の意が強くて、決して肯定と否定との一義的な関係でないようであり、況んや一方が他方の根拠となる意味はないようであるから。

4　現実世界の論理としての絶対非

現実の世界は privatio の世界である。現存在は個物の世界であって、それぞれに個性によって隔てられる。それはそれ自身のものより他の性質をもたぬが故に互いに異様であり、多種である。しかしそれが種々であることは既に存在と非存在との結合でなければならなかった、個物は単なる存在ではなく同時に非存在でもある。この非存在は欠如であって否定ではないが、個物はこれによって規定せられ、それを根拠としてそこに存在するのである。そこにも存在と非存在との即時的なる共存がなければならなかった。

況んやそれが肯定的な存在としてあるのは、それが欠如体であること(或る量質をもつが同時に他の量質をもたぬこと)によってのみなのである。この点について後に更に詳論するであろう。

ここに最も重要なことは、事物が多様であり多趣であるのは、それが肯定と否定との結合であるからであり、そしてこの結合の成立する根拠はそれ(＝根拠)が肯定でもなく否定でもないという点(第三のレンマ)にある、ということである。この基礎なしには現実は成立もせず、また出現することもできない。それ故に第四の現実の論理は、根拠が第三の両非の原理にある。それは両非であるからには、肯定に対する否定ではなく、否定を自ら否定する絶対的否定でなければならない。そこにあるのは絶対的否定であるが故に相対的否定もそれによって、又はそれに於いて成立する。この根拠なしには肯否の対立は成立しない、従って現実の世界は出現し得ない。さらにこの絶対的非によって相対的否定の成立するや、神秘的といっていい程直接にして確実である。そのことを高らかに証示するのが「即」の論理であるに外ならなかった。*

＊ 相対的否定と絶対的非とを明別することも、このとき合宜であろう。否定は常に肯定に対するものであるが、非は肯否両者をふくむ。非とは否をも否定したものであって単なる肯定でないことは勿論、単なる否定でもない。非は否定の否定であって両否をふくむ。但しそれは否定を否定すれば肯定となるという、通俗的なものでは毛頭ない。否定の否定は決して肯定に逆戻りしない。それは絶対的否定であるから。

しかし絶対的非から肯否が如何にして出てくるか、否定は非から直下に導出せられ得るか、非から肯定が如何にして導出しうるか。これは容易ならざる問題であっていくら弁論を尽くしても解決し得ぬものであり、恐らくは秘義に属するものであろう。しかし我々はここに神秘を拉し来って安易にこの関係を説明しようとは思わない。却って、この直下性があってこそ、絶対と相対との関係もなごやかに会通し得るのであるかもしれない。後の詳論を待って貰いたい。今はただ性急にこの直接性を、ロゴスによってではなくレンマの立場からして示唆するに止める。それは殊に個の問題、個と全との関係についてむつかしい問題となるべきことを予想して、ひそやかに提起するに止めよう。

5 絶対無の本質、「即」の解明

今の場合、我々にとってのっぴきならぬ問題は、更に一歩をすすめてこの無の本質をつきとめるところにあった。それは明らかに絶対的無であり、単なる否定の根拠であり得ぬことは明白であるが、もしそれがそうであるならば、それは無として自ら有るのであるか。とにかくそれは無であって有でないから、どこにも無いものでなければならぬ。無として有るものであるならば、それは有であって無ではあり得ぬ。況んや無という或るものであるならば、有であって無ではない。それは絶対に無いものでなければならぬ、どこを探しても見つからぬものでなければならない。然し果たしてそうならば無は無であっても何ものでもない、幸いにこれを見出しても何の役にもたたぬものではないか。然り、まことに然りである。しかしそこが、まさに我々のつけ入る恐らくは唯一の進路である。なぜなら無はまさにそのようにあり、正しくそのようなものであるからである。それは第一に絶対無であった。それは有無を超えた絶対的なるものであるが故に、有ることなくして、しかも有るものでなければならぬ。それはそれ自ら有らずしてしかも、そのようなものとして有る。それはそのように有りながら何ものでもなかったのである。その何ものでもないということを、まさにそれ自らの本質とするからして、無でありながら又は無であることによって、凡ゆるものの根拠となり得たのである。もしもそれが有であれば同時に無きことはできない、それが無であるからして無であると共に有でもありうるのである。空とは凡ゆるものがそれに於いて存在し得る場所であった。一つのものによって占められた場所は、同時に他のものの場所となることはできない。それが何ものの居処でもないからして、凡ゆるものの場所でもあり得るのである。それは存在的に空でなければならない。

アリストテレスは、それ故に存在の本質を「可能性」として把握した。可能性とは凡ゆるものになりうる潜在性であり、それ自らとしては一つの潜勢にすぎないが、アリストテレスの可能性は単なる性質ではなく、むしろ一つの「力」であった。dynamisというのはそれを表わす語であるが、それはもともと「力」を意味して、staticなものと明別せられている。それはそれ自らとしては現実ではないが、現勢に発展すべき傾動である。それは現勢(energeia)ではないが、それをもたらす根拠として一つの力である。それはその限りに於いて、在るものでなく、無きものでなければならない。可能性とはやがて有るべく、しかし今は無きものであるからして一種の無であると言わねばならない。しかも恰もその故に、それは現勢の根拠として現実の根柢をなす。それはやがて現実となり得る可能性でなければならなかった。

しかしアリストテレスと我々の立場との差別は次の点にある。彼の言う可能性はあくまでも存在的であるが我々にとっては無であるということである。可能性は彼にとって存在可能であったが、我々にとっては無であるということである。何故にそうであるべきか。可能性は未だそうでないという点に於いて、一つの無であるが、それは未だ欠如性であって完き無ではなかった。アリストテレスに於いては有を根柢づけるものは、依然として有であって無ではなかったのである。

我々にとっては無は有の否定であるのみでなく、無それ自らの否定でもある。有に対する無であるのみではなく、無に対する無でもなければならなかった。相対的否定ではなく絶対的無でなければならない。しかし問題は残る。依然として残された問題がある。そういう無が存在の根拠となるのは如何にしてであるか。何によってであるか。

それに対する答えは次の如くである。根拠としての無は根拠づけるものと根拠づけられるものとの関係如何によって〔その性格が〕定まる、根拠とはただその〔=存在の〕根底にあるというのみでなく、それを根拠づけるものでなければならぬから。そして絶対無が存在を根拠づける仕方はまさに次の如くであった。存在が肯定でもあり否定でもあるのは——即ち現実の存在がその孰れかであるのは、その根柢に肯定でもなく否定でもないという絶対無があるからしてである。それが肯否孰れでもないという理由から、肯否孰れでもあるという事実が展開せられる。それはアリストテレスに於いての如く、単にあり得るということとは峻別せらるべきである。それは決して単なる可能性ではなかった。絶対無はまさに現実の事実である。現実の可能性ではなく、可能性の現実でなければならなかった。

第三のレンマから第四のレンマに至るのは単なる可能性によってではなく、まさに現実であった。そこに何の理由もない。理由のないことが、まさにその理由となっているからである。そしてそれこそは「即」の論理と名づけるにふさわしいものであり、即を構成する非であった。大拙博士が即に加うるに非をもってすることを常としたのは誠に正しいが、しかし、我々には尚そこに問題が残されているように思われてならない。というのは、非と即との関係が尚充分に明らかにせられていないからである。非は勿論無であるが、両者（＝非と即）が何故に併用せられねばならなかったかは、明らかにされていない。我々の見るところによれば、無としての非は尋常のそれではなく、第三のレンマの否定でなければならなかった。非は単なる無に非ずして、何よりも先ず即をうながす否定でなければならない筈である。非は単なる否定でなく否定をも同時に否定するものであるから、まさにこの理由からして直接に即となるものであった。のみならず非から両否を誘発し、直ちに両是を肯定することとなるからである。両否を転じて両是とするのは、かかって非の働きによる。非が否定でありながら直ちに肯定をもたらすのは、この作用によるのである。しかもその作用が端的にして直観的なることが「即」の論理の成立をもたらす。即とは推理でもなくロゴスでさえもなくして、直接的なる一つの論理であり、この論理を発揚したのは専ら東洋人であって、アリストテレス以来の西欧論理ではなかった。Aが即Bであるとは単にAにBが等しいということではない。その論理性は悟性乃至は理性によってでなく、直観に基づく。

しかもBがAに等しい、乃至は同一であるという論理はここでは未だ緩慢である。AがBであるという判断は「即」の論理では何によって根拠づけられるか。そのためにはAもBも共に存在であってはならない。[21] A、B共に存在であるならば、AはBである、ということは、可能は現実とならんとしてその可能性を失墜するとか、主観と客観とは同一であるとか未分であるとかいうに等しい。AがBであるのは、もともと一であるものが人為的に区別されたものである、ということになるが、若しそうならば、AとBとを区別してAはBであるという判断を作成する必要はどこにもないはずである。主客が未分であるならば、これを二分して主が客を知るというのは何のことか。知るものと知られるものとが全く一ならば、知るということは如何にして可能か。知ることの必要はどこにあるのか。

ロゴス的論理では、AとBとの関係はAがBの中にふくまれるか、BがAをふくむことによって説明せられる。しかしこのとき、含むとか包むとかいうことが極めて曖昧である。単に概念の内包と外延とによっては解明せられるべくもない。西欧の論理は、この関係を開明せんとして、アリストテレスからヘーゲルに至る長い年月を浪費したが、その根本はAとBとを共に存在と見る点にあったのではないか。

6　「AはBである」は存在‐根拠の関係を表わす

我々はこれを存在と根拠との関係の問題として見る。AがBである、とは、AがBの根拠であるか又はBがAの根拠であることを意味する、と見る。単に存在と存在との関係でなく、存在と根拠との問題として取り扱う。それが唯一の正しい道であると信ずるものである。存在と存在とは原因と結果との関係であり、我々のとるべき認識論ではなかった。AはBであるという判断は、もともと同一判断であり、同一なるものが何故にAとBとに分れたか、を問い、そしてひとたび分たれたものを再び結合せんとする試みにすぎない。しかし存在と根拠とは区別せられながら、もともと一なるものでなければならぬ。存在と根拠とがあるのではなく、ひたすらに存在の根拠があるのみである。存在は根拠によって初めて存在となり、根拠は存在を離れて何の意味もないことは、余りに明瞭であるであろう。我々は存在の問題は勿論、根拠のそれをも密邇に取り扱う。なぜなら両者はもともと一なるものであり、たとえ分ってこれらを二としても、その目ざすところは同一にして同根であることを旨とするからである。何故に、存在と認識とを峻別して、しかもその合一をめざして疲労する必要があるか。

繰り返していう、我々の問題は存在とその根拠との二者である。しかも存在はそれ自らの根拠なしには存在となり得ない、根拠は存在と対立するものではなく、反対にそれを確立せんとするものに外ならぬから。無が有の根拠をなすというのもその意味に於いてであった。無はもちろん存在でない、無は無であって有でないからである。無は無である限りどこにもなく、何ものでもあり得ぬ。しかも、むしろそのことに於いて無は有の根拠となり得るのであり、又ならねばならぬものである。無は勿論ものではない、その限りに於いて無は無でありうるからである。無が何らかのものであるならば、もちろん存在でなければならぬ。しかし無は何ものでもなく、何かの有るものではない。もしそうならば有であって無ではあり得ぬ筈であろう。それにも拘らず無は何かであり何ものかでもある。それは、存在でないが、にも拘らず何ものかでなければならない。それは一言にしていえば、有ではなく有の根拠としてあり、又そのようなものとして有るものであった。

しかもそれが無である以上存在ではなく、存在しないものである筈である。それは warumbe ではなく sunder warumbe でなくてはならぬ。無は有の原因でもなく縁因でもなく、由って来る所のものでなければならない。しかしそれは何であるか。「理由」といえば依然としてロゴスであるべきであって、その点については次章にライプニッツの哲学を手がかりとして詳述しようとするのであるが、[22] 予め先取りして言えば、それは必ずしも彼の raison には限らぬ。むしろ我々の言わざるを得ないのは、理由なきことが却って理由となっているということである、恰も、存在しないものが却って存在の根拠をなすように。しかしそれを茲に明言するのは尚早に失するであろう。

一六　存在・価値・煩悩の根拠――無・意味・随眠

1　レンマ的無は〞価値〞の根拠でもある

前章までに我々の得たものは、次の如くであった。存在は単に有るものではなく、現実に存在するものでもなければならぬが、存在をしてそのように在らしむるものは何であるか。それは存在の根拠を求むることに外ならぬが、それを再び、又は再三、存在に求めるものは、自然科学であって、存在は我々の目指す所ではない。それを他の存在に求めることは縁起であって、我々をして満足せしめるところではない。我々は専ら存在をして存在たらしめる所以のものを求めているのであって、それが即ち根拠の問題である。

我々はそれを無に求めた。それは一見不条理のようであるが、そうするより外になかったのである。しかし無とは無いことであるから、所詮は根拠として何ものも有り得ぬこととなる。根拠を求めてそれを見出し得ぬことは失敗であり、挫折であって、要するに無功の業であったのだろうか。

しかし我々はこの疑問に対して、次の如く答えよう。それは無ということを正当に理解していないからである。我々の言う無はロゴス的なものではなく、レンマ的無であった。前者は肯定に対する否定であったが、我々の考える無は、肯定は勿論、否定をも否定するものである。肯否両方の否定は単なる否定ではなかった。無はこのように両否の立場に立つことによって絶対的となり、否は非に転化してしまう。それはただなる否定でなく、否定を否定することによって、一つの新しい否定となる。単なる否定の作用でなく、自ら一つの非となってしまう。

非とは肯定に対する否定ではなく、否定〔の否定〕をもその中にふくむ。否定することが一つの肯定となったものである。それは第一に肯否に無関係であり、その理由から肯否の上に立つものである。不人情といえば悪であるが、非人情といえば人情を越えた自然を意味するであろう。レンマ的無が重要な意味をもって来るのは、この点からしてであった。レンマ的無の本質がむしろそこ〔＝非〕にあることを、我々は第二〔ママ〕に注意しなければならない。それは凡ゆる意味に於いて無きことではなく、無いということに於いてあるものである。根拠がないということが、まさに根拠となることである。それは sunder warumbe である。理由のないこと——そのことが理由となることである。我々はここから一つの新しい着想に入らんとする。それは価値の問題である。

価値は存在でない、にも拘らず価値はある。それは或るものとしてあるのである。その有り方は、ものとしてではないが、人間の生活に於いてたしかにあり、またあらねばならぬ。それはそこにあり、そこに与えられたもの(es gibt)ではないが、人間の社会に於いて「妥当」するもの(es gilt)、或るものであった。

価値概念が明晰にとり出され、その在り方が明確になったのは、カントの哲学に至ってであった。彼が、この二つを明別するのみでなく、むしろ価値を存在よりも優位に置いて、綿密にして明敏な哲学を樹立したことは周知のことである。彼によって哲学は存在の学であるよりも価値の学となり、ものが在るということよりも、そのものの価値が何にあり如何に認識せられ得るかが、哲学の主要問題となった。我々はもちろん、彼の業績に対して無限の尊敬を払うに吝かならざるものであるが、しかしものが価値を有するためには、先ずものの在ることを必須とするであろう。これは動かし難き事実であり、現実でさえもある。カント学派の人々が如何に強弁しても、ものがあってそのものの価値があり、決してその逆であり得ないことは明らかである。カントはアプリオリな価値概念からものの本質を基礎づけようとしたが、我々の立場は、逆にものの存在から価値概念を確立せんとするところにある。カント学派の目指すところは、ものの存在を価値によって基礎づけるところにあったが、我々は却って価値の根拠を存在に求めようとする。しからば、それは如何なる仕方に於いてであるか。

我々はさきに、存在の根拠を有に於いてでなく、無によって求めんとした。しかもその無はロゴス的なものではなく、レンマ的であることを縷述した。レンマ的無とは単に肯定に対する否定ではなく、否定をさらに否定するものである。従ってこの無の内には、ロゴス的な肯定と共に否定がふくまれている――それを裏がえしていえば、レンマ的無はロゴス的な肯定と否定とを分別する根拠となる。そしてこのことが、「価値」概念を構成する所以のものであった。

価値とは常に対立的なものであり、対立なしには価値は成り立たない。それは真であるか偽であるか、善であるか悪であるか、乃至利であるか害であるか、の区別、しかも対立的区別を前提とする。このことなしには、価値概念は成り立たない。そして真・善・美等が存在であるよりも、それについての評価を本質とすることも、余りに明白であるであろう。善なるものは常に取られ、悪は却けられる。害をさけて利に走らんとするのが経済的価値であった。美は女性にとって何よりも好ましく、富は商人にとって何よりも追求せられるものであろう。この対立は恰も存在と非存在との区別にあたる。富とは財の存在であり、貧とはその不在である。そしてもし存在と非存在とが共にレンマ的無の中にふくまれるとすれば、この価値の区別の根拠も又そこに求めらるべきであることも衆人の均しく認める点であろう。それが単なる区別でなくまさに対立であることは、この平明なる理論をさらに明瞭ならしめるであろう。否定は肯定と対立するが、この対立性が価値の根拠をなすことを忘れてはならない。それが如何にして生ずるかは別問題であるが、とにかくこの対立なしには、価値概念の成立せざることだけはたしかであると思う。

価値は存在ではない、存在するものではない。それは存在についての評価であり、ものに対する人間の反応であるという。しかしそれ〔=価値〕が何ものかであり、何ごとかであり、我々にとって何らかの価値あるものである以上、それを問題とすることは、たしかに価値あることでなければならなかった。それ〔=価値〕が極めて人間的乃至は社会的なものであることは勿論であるが、それが何ごとかとして我々の関心を引くこと自体が、それがたしかに何ものかであることを証明する。たとえそれが物でも存在でもないとしても、何かである以上、意味あるものであり、しかも容易ならぬ重要なものであることは明らかであろう。

2　価値的対立も事物の存在性も、根拠は意味の世界である

我々は不用意にも、茲に有意味という語を使用した。然しこのことは決して無用でもなく無意味でもなかったのである。なぜなら、世には在っても無くても一向にかまわぬものがあり、時としては無意味な存在もあり、無用な事柄も少なくはない。我々にとっては、単に存在するだけではなく、有意味の、望ましき事物が、現実の存在である。時として、「有のすさびに憎かりき」、「なくてぞ人の恋しかる」ことさえあるであろう。しかし、価値と意味とは同一ではない。価値なき事物でも尚何らかの意味をもつ、無意味なものでも尚無意味という意味をもっている。無用なものは無価値であるが、無意味なものは無意味という意味をもっている。価値は善悪・利害の対立性をもち、反価値は惜しみなく捨てられるが、意味は無意味のものでさえ、尚意味の領域の中にある。この点に於いて意味の世界は価値に比べて広域であり、[23]価値を包んで余りあるものである。

それのみではない。我々は意味の世界を価値の母体であり、価値の存在は意味によって根拠づけられていると言おうとするのである。存在とその根拠との関係を、茲に於いて、価値と意味との関係として取り扱おうとするのである。その論拠は次の如くである。——

存在するのは、物と事(事柄)とであるが、総じてものの存在は有意味でなければならなかった。ものが意味を

もつとは、ものが有用であり、自然の事物が人間のものとなり、我々の所有となることである。所有とは単に有ることでなく、有るところのものとなることである（拙著『実存と所有』参照）。それは単にそこにあるものではなく、有るところのものとなることである。そしてそれがそうあることは、それについて又はそれに於いて意味が発見せられるということである。それが見出されないとき、無意味なものとして価値づけられる、先ず無関心なものとして放置されるか、時には有害なものとして放棄せられる。しかしたとえ無意味なものでさえ、無意味という意味を持っている。言わば意味は事物の存在性を意味し、事物の何であるかを我々に告示するところのものである。命名とはそれを言う。名なしの権兵衛でさえ権兵衛という名をもっている。恋する女が相手に我が名をつけるのは、既に身をまかせんとする一歩であったであろう。名は存在の表意であり表情でもあった。

しかしこの表現には時に偽りがあり、時に装いがある。それは全く人の為すところであって、あてにはならない。そこには厳しい評価があり判断があって、善悪・利害の秤量が行なわれる。価値は必ず相反する二者からなり立ち、選択が課せられる。しかしその孰れをとり孰れを捨つべきかは価値の特色であるとは言え、この取捨は、意味の存在によって初めて可能となるのである。言わば意味は人間の外なる物そのものにつき、価値は人間の評価によって定まる。De gustibus non disputandum（「趣味は論ずべからず」）であると古来から主張せられた。価値は趣味によって——少なくとも興味によって規定せられることは、さながらに認められてよいであろう。しかし興味とか趣味とかは人間のことであり、個人によって差別あるを免れないものであるから、専らそれにのみ頼ることはできない。興味あることによってものは在るのではなく、物があって興味が惹き起されるのである。

意味は価値の根拠である。価値が意味の地盤に立って初めて成立するのは、恰もものが無の根拠に於いて在りうることと同様であるであろう。ものに存在と非存在との二者があるように、価値は意味に於いて、又はそれによって、善と悪とに区別せられる。利害が相反するのは共に経済的意味の領域の中にあるからしてである。価値は常に対立を主とし選択を目的とするが、意味の立場に於いては共に何らかの意味をもっていて、一方をとり他を捨てることが許されない。たとえそれが害悪であっても、害悪という意味をもっている。意味の立場に於いては害悪も又一つの意味をもっている。そうであればこそ、それは一つのものとして利善に反対し、そして対立するのである。偽が一つのものとして真に対立するのは、それが一つの意味をもつからしてであり、何ものかとして在るからである。無価値は決して無意味ではなかった。現実として如何に犯罪が絶えないか、却って増加するかを見て人は驚くであろう。価値としてそれは絶滅せらるべきであるに拘らず、意味として常にあり或いは現にあることは、悲しき必然であるというより外はない。

重ねて言う。意味は価値の基盤として、その上に又はそれに於いて価値の存在を構成する。価値は本来的に対立を性格とする。この対立性を構成するものが意味であった。しかしこのことは如何にして可能であるか。

それは無が有の根拠をなし、決してその逆でないことと軌を一にする。有に因って有を作りだすのは自然科学であり、縁に依って存在を生ずるのはインドの思想であるが、我々は無に由って有を来らしめんとするものであった。あくまでもこの考え方によって存在を存在せしめようとするのが我々の立場であって、他念なきものである。しかしこの立場を貫徹するためには、一つの大なる転換を要する。それは、無をロゴス的にではなくレンマ的に把握するということである。ロゴスの立場に於いては無は有に対立するものであったが、レンマ的にはそれは両者を共に包蔵するものである。レンマの無は無そのものをさえ否定する。無も又一つの意味であって、レンマの無の中に含まれているのである。

3　意味の世界はレンマの立場であり、随眠の立場である

我々は、レンマの立場とは、端的には、意味の世界であるとも強弁せんとするのである。それは一つの意味から二つの価値が分出することではない。価値の区別は意味の基盤に於いて、又はそれによってのみ、成立するということである。一は多の単位でもなく、多は一の複合でもない。一は多の根拠でなければならぬ。一即多はこの意味に於いてのみ主説せらるべきであって、単なるロゴス的(数学的)なものではあり得なかった。

煩悩も常に分裂している。それ故にこそそれは苦悩であった。しかし諸煩悩は一なる随眠に基づいている。多にして苦なる煩悩を救うものは一なる随眠を措いて外にない。随眠とは、多なる煩悩をそれに於いて又はそれによって在らしむると共に、それらを超脱せしめるものである。それは煩悩を菩提にまで転換せしむべき、一つの存在態であったのである。

煩悩を菩提に転ずることは極めて困難である。古来如何に多くの尊宿がそのために苦しんだか、その故に苦悩したことか、それがそもそも煩悩でないかと思われるほどであるが、しかしそこには一つの原理があった。それは一つの道といった方がよいであろう。煩悩は価値の世界であり、随眠は意味の世界であり、しかもこの両世界が一つの糸によって貫かれているということである。苦行によってこの道を端的にのり越えんとするのは禅道であった。しかし我々の現実は、この可能性を一挙に信じ且つ成就するには、余りに複雑であり難渋である。我々の志すところは、随眠を媒介として煩悩を菩提に転ずることである。恰もヘーゲルがロゴスを媒介として雄大な

る哲学の道を啓いたように。但し、ヘーゲルは媒介(Vermittelung)として論理的にこの道を開いたのに対し、我々はそれを存在として、存在に於いてこの道を見出さんとする。そこに、ロゴス的な媒介によってではなく、存在的に、新しい中(Mitte)の道がひらかれるであろう。ミッテは論理の「中」ではなく、存在的なるMitteでなければならぬ。それ(=随眠)は存在でなくして非存在であり、価値に対して意味の立場である。意味とは存在の種々なる存在の仕方でなくして、存在をまさに存在たらしめる根拠であるべきであった。価値が煩悩に密着することは、経済的価値の如何に身体的であるかによっても実証せられ得るところである。それを論明しようとするのが「帰属」の概念であるが、それはこの書の続篇としてあるべき問題となるであろう。

一七　存在の端的な根拠たるレンマ的無

1　レンマ的無、つまり「即非」の論理は、即時に現実を基礎づける

レンマ的無はその中にロゴス的無と有とを共蔵している。否定は否定でありながらレンマ的無の中にふくまれ、肯定と対立している。それらは対立の形式をとっているが、共にレンマ的無の要素としてのみある。肯定が否定となると同時に、否定は肯定となって、共にレンマ的無の中に包蔵せられている。レンマの論理が、第三のテーゼから第四のテーゼに転移するのは——翻身することは、この理由からしてであった。(25) 現実の存在が肯定であるか否定としてあるか、肯否そのいずれかであるのは、その根拠たる第三のレンマが肯定であると共に否定でもあ

り、肯否いずれでもあるという根拠に基づいているからである。それ故に中論はその孰れでもないことによって、それらの孰れでもあることを証明せんとするのである。レンマ的無によってロゴス的無が成り立つのであって、決してその逆であり得ないのも、この理由によるのである。

そしてこの転換がとりも直さず「即」であった。レンマ的無を「非」と名づけるならば、これが「即非」の論理であった。第一にこの関係は否によってではなく非に於いて全くせられる。第二にこの関係は、「漸」でなく「即時」でなければならない。そこには何らの時間はなかった。時は間をもつことによって持続的であるが、転換の作業には間がなく中間もなかった。一方から他方に移るのは即時にであり、即刻に於いてである。現実の存在は種々なる表現をもち表態を示すが、これらは一括して肯否の対立を領域とする限り、肯否の地盤の上に立たねばならぬ。基盤としての無は、それがそのようにある限り無であるが、現実の様態はそれを根拠としてのみ存在し得る。それらが単に在るものでなく或るものであることは、無の基礎に於いてのみ可能である。赤が現実にあるのは色としてであり、色の基盤に於いてのみ可能であることは常識にすぎぬであろう。現実がいろいろのものであるのは色としてあるからであり、赤が緑から区別せられるのも色として或るものであるからしてである。色の領域は紫外線として、赤外線として、いよいよ拡大せられるが、それ(＝色の基盤)を根拠とすることなくしては何色でもあり得ない。それと共に領域とは中でも間でもなく、それに於いてあるものなしには殆ど無きに等しい。或るものの根拠はまさに無に等しい。否、そこには存在の理由は何もなく、どこにも見出されはしない。しかしそのことが、まさに存在の根拠をなしている。存在の根拠は再び存在にではなく無にあるということも、その意味であった。

2　存在と価値とは意味の世界にその根拠をもつ

それ〔＝存在の根拠〕はまさに意味の世界である。意味は直ちに存在ではない。しかしそれは何ものかであることはたしかであり、それ故にそれは意味と名づけられる。それは物でなく事でもなく、しかも尚或るものであった。それ故に意味はものを存在とする。無意味なる事物は無きに等しい。しかし無意味なるものも尚無意味という意味をもっている。それはそれ故に我々の関心の外に置かれるが、しかしそれにも拘らず或るもの[26]として存在する。それは在るものではないが、依然として或るものでなければならなかった。

意味と存在との関係は隠微にして深奥を極めているが、ただ一つ明らかなことは、それはやがて価値に進展することによって現実的となるということである。意味が無限の多様性であるに対し、価値は一刀両断的に分割せられ、しかも互に対立し反逆する、恰も様々なる色が白と黒とに両断され、互いに両極をなすと同様に。黒白はもはや色ではなく価値となって世界を両分するのである。黒は勝利を、白は劣敗を表わす。赤字は損失を表わすであろう。価値は優勝と劣敗とを両断して、これらを反逆の位置におく。価値は「これかあれか」であるが、意味の世界は「これもあれも」である。そして論理的には前者がロゴス的であり、後者はレンマの立場を構成する。この二つは峻別せらるべきであるが、それと共にそれらの孰れが根拠的であるかを問えば、それは後者であって前者でないと考えるのが我々の立場である。意味の世界は領域的であり、価値の立場は個物的であると言わねばならぬ。意味を基盤として、その上に又はそれに於いて、価値が判断せられると考えねばならない。なぜなら無意味なものさえ一つの意味であるが、無価値なものは断然追放せられるからしてである。

畢竟するに意味の世界が根源的であって、価値はそれによって根拠づけられてある。意味は存在をさえ乗り超えて尚彼方にある。存在があって意味のあることは勿論のようであるが、(27)それにも拘らず我々は意味の上に存在を置く。何となれば意味とは無きものであって在るものではないからである。――我々はここに於いて、「意味的存在」ということを考える。しかしそれは意味と存在との合同ではないか。もしそうならば無意味な存在とならざるを得ぬであろう。我々は言う、意味的存在とは、意味とそして存在ということではなく、意味という存在である。それは存在の意味ではなく、意味の存在である。しかし意味的な存在、つまり意味の存在とは如何なるものであるか。それは無でなければならぬ、意味が存在しないということである。しかし無いということも一つの意味であるとすれば、果してどうであるか。無意味でさえ一つの意味であるとすれば、非存在というものも勿論一つの意味でなければならぬ。非存在が存在の根拠をなすというのもこの意味であった。sunder warumbe とは「理由なしに」ということであり、人生に存在の理由がないことほど悲しむべきことはないが、この「理由なきこと」がまさに最大の理由であることを思えば果して如何であろう。

3　存在が存在自身を基礎づける、とは神の創造のことである

存在を基礎づけるものは存在であって、それに先だつ「理由」ではない。存在を基礎づけるものは存在自らにあり、その他の何ものでもあり得ない。存在は存在であるからして存在であるのであって、「理由」によって存在があるわけではない。トマスに於いては、存在とは在りてあるものである。(〔デカルトに於ける〕我の存在 ego sum もそれ自らによって規定せられるのであってその他の何ものでもない。)しかもそのことが即ち神の創造と

いうことであった。

神の何故に、また何のために万物を創造したのであるか、それは神といえども知らぬところであろう。知らぬということが神の全智全能であった。神は全智全能であるならば、何故に罪悪と苦悩とを作ったのであるか。その故を知らぬことこそ神の全智であったのではないか。トマスの「在りて在る」とは神が既にそうあったからしてであり、存在を存在たらしめるものは神であるからに外ならなかった。神自らが在りて在るものであったからして、存在は存在たるを得たのである。それが即ち創造であった。神が凡ゆるものを存在せしめたのは、それ自ら存在であったからしてである。神は存在者であり、神が存在することはこれを論証する必要はない。多くの神の存在の論証は、この意味に於いて無用であり無駄でさえあるであろう。神は自ら存在であったからしてである。

4　凡ゆる存在の根拠としての神は無である

しかし存在としての神は原因としての神ではない。神は万物の原因でなくしてその根拠である。凡ゆるものが神に拠ってあるのであって、神から生れるのではない。神が万物の原因であるならば、何故に悪があり罪があるかを我々はどうしても理解することができない。神はそれ自ら存在であるよりも、凡ゆる存在の根拠でなければならなかった。

ところが根拠としての神はもはや存在ではなく、それ自ら存在しながら既に存在に非ざるものでなければならぬ。なぜなら存在と根拠とは必ずしも同一ではあり得ぬからである。神は凡ゆる存在の根拠である以上、その限りに於いてそれ自らは存在ではない。しかしそれは無神論を唱道するわけではなく、却ってその理由から、神をして凡ゆるものの根拠たらしめうるのである。神は存在としてあるのではなく、凡ゆる存在の根拠としてある。その故にこそ神は存在でなく、しかし存在である。存在としての存在ではなく根拠としての存在であるのである。しかも根拠としての存在は無であった。それが根拠としてあることは、存在であることとは必ずしも同一でないからである。

存在の根拠は再び存在ではなく神でなければならなかった。根拠が無であるべきことは、却ってこのことを可能にする。存在の原因は無限に逆行しても依然として存在であるべきであるが、存在の根拠はこの如き溯上を許さない。いかなる存在もそれぞれにその根拠をもっている。根拠をもたぬ存在は存在ではあり得ぬ。しかもその根拠は、その都度そのものの根柢にあって事物を存在せしめるのであって、因果関係の如く遥かな、無限に遠くの原因を要しない。むしろそういう原因を求むることはてしなきことであって、さまよえる原因といわざるを得ぬであろう。存在の根拠は、そのもの、そのこと、に密着して根柢にあるものでなければならない。存在を一般概念としてではなく現実の存在たらしめるものでなければならない。それは単なる色ではなく、現実の赤であり紫でなければならなかった。それが赤であって緑ではないことを、美しくあって我々を楽しましめるものである所以のものを、実証するものでなければならない。存在の根拠とはまさにそれを言うのである。

5　「絶観論」において具体化されたレンマの立場

昭和十年、敦煌から発掘された『少室逸書』の中に敦煌本「絶観論」というのがある。短篇であるが大乗仏教の要旨を宣説したものとして異色あるものであり、幸い昭和五十一年、常盤義伸氏および柳田聖山氏によって英訳及び和訳せられ、禅文化研究所から出版されるに及び、漸く世の注目をひくことになったが、一目して、風景に勝景あり、勝景は更に絶景に至って極まるように、仏教思想の絶観を展開する逸書といってよいであろう。著者が誰であるか、牛頭法融といわれるが、敦煌本にはその名はない。これを牛頭とする者は宗密であり、延寿であり祖道集であるが、それも確かな証拠がない。何時頃出来たものであるかは牛頭の素姓と共に不明である。

絶観論は論書として珍しく会話法を用いている、恰もギリシアの哲学がプラトンの会話篇によって展開せられたように。しかしプラトンの会話は能弁であり多弁でさえあったが、絶観論はさすがに東洋の会話であり、相互に談ずるよりもむしろ語らざるをよしとし、語って語らざることを主とするように見える。

その冒頭に言う、「そもそも大道は深くして跡なく、微妙にしてひっそりと静まっていて、心で知ることもできず、言葉であらわすこともできない。いま仮に二人の人物を設定し、互いに真実を語らせることとする。先生を入理(真理に達した人)と名づけ、弟子を縁門(問い手)という」。問答も一つの縁であり、対話は語られながら語られざるものと覚悟すべきである。

入理先生はひっそりとしてものを言うことがない。縁門はだしぬけに起立してたずねて言う、「どのようなものを心と名づけ、どのように心を安定させるのですか」。入理これに答えて曰く、「きみは心を指定するに及ばず、また殊更に安定させるに及ばぬ。それをこそ安定と呼ぶことができるのだ(28)」。

縁門問う、「もし心が存在しなければどのように道を学ぶのですか」。入理答えていう、「道は心におもうことではない。どうして心に左右されようか」。問うて言う、「もし心に思うことでなければ、いったい何によっておもうのですか」。答えて言う、「思うことのあるのはすべて有心(心があること)である。有心は道にそむくことに外ならぬ。――おもうことがないのはすでに無心である。無心は真の道に外ならぬ。――無心はすでに無物である。無物はすでに天真であり、天真はすでに大道だ。――道はあらゆる限定と分別と欲望とを超えたものである」。

縁門は立ちあがって問う、「道は最終的に誰に属するのですか」。答えて言う、「最終的に属するものはない。例えば虚空が依りどころをもたぬようなものである。道がもし何かに関係づけられるなら、たちまち制約があり、解放があり、主体があり、客体があることになる」。「それではどのようなものが道の根本でしょう」。答えて言う、「虚空が道の根本であり、万物は理法の作用である」。縁門問う、「しかしそれにしても行為の主体がありましょう」。答えて言う、「行為の主体が有るとか無いとかいうことではないのだ」。「しかし感覚し意識しませぬか。ボサツには意生身ということがあり、思いのままに自分の身をおこす働きがあると言いますが」。答えて言う、「意識していても無我である」。重ねて問う、「無我ならどうして意識があるのですか」。答え。「意識しつつも、もともと実体がないのだ」。

縁門は遂に投げやりのように言う、「私は判りません。いったいどういうものが仏とよばれ、どういうものが道とよばれ、どういうものが変化とよばれ、どういうものが常住とよばれるのですか」。入理答えて言う、「一物もないことをさとるのを仏と呼び、すべてにゆきわたるものを道とよび、世界そのものが生れ出づるのを変化とよび、究極的に静かにおちついているのを常住とよぶ」。続けて言う、「真理でもなければ真理ならぬものでもないもの、それがあらゆるブッダの真理である」。さらに「肯定的な真理を肯定的な真理とよび、否定的な真理を否定的な真理とよび、その肯定と否定とはすべて分別されたものではないから、それで真理でもなければ真理でないものでもないとよぶのである」。「しかしそうなら、その主張は何人《なんぴと》がそれを証明するのですか」。答え。「この主張は何人のものでもない。どうしてそれを証明する要があるか」。「何人もいなければ、いったい何人が主張するのですか」。答え。「何人もいなければ主張がないのがまさしく正しい主張である」。「そういうことになりますと、私は全く理解できませぬ」。「じつは、理解する真理もないのだ。君は理解を求めるに及ばぬ」。「最後のところはどういうことですか」。「はじめも最後もありはせぬ」。

縁門は遂に窮して沈黙したので、入理先生は即ち言う。「君は今あたかも真実の道理を見たようだな」となぐさめるが、しかし縁門はその手にのらぬ。さらに「どうして、見たようであって、まさしく見たのではないのですか」。先生つづいて言う。「君が今見たという、一物すら存在しない境地は、たとえばかの外道と同じことで、身体を隠すことを覚えたけれども、まだ影をなくし足跡をなくすことができてはいない」とやっつける。すると、縁門は反逆して、「もともと心も対象もないのに、どうしてその影があり足跡が残りますか」。そこで先生はちょっとたじろいで、「凡人は凡人ゆえに問い、聖人は聖人ゆえに答える。凡人は疑いあるが故に問い、聖人は疑いを解くために説くのだ」と逃げる。縁門さらに押す、「聖人は問うものがなくても自ら説かれるそうですが、いったいどういう疑いを解かれるのでしょうか。いったい説くべき真理が聖人の方にあるのか、それとも深く相手の疑いを認めてのことでしょうか」。先生答えて言う、「すべて病に応じて薬を与えるまでのことだ。あたかも天上の雷がひびくとき、必ずそれに応ずる相手があるように」と。この辺から問答は少しくもつれて、「如来は寿命が尽きることはない筈ですのに、どういう訳で入滅したのですか」などと縁門は問う。入理先生はつぶやいて言う、「心を起こすことは容易だが、心を滅することは難しい。わが身を肯定することは容易だが、わが身を否定することはむつかしい。何かを作為することは容易だが、何も作為しないことは難しい。してみると深い修行は会得し難く、高い道理は契合し難いと判る」と言った。そこで縁門は大きなため息をつく。そして叫んだ。「すばらしいことだ。先生はと言えば、説くことなしに説かれたのであり、私はまったく聞くことなしに聞いたのである。聞くこと説くことがひとたび適合すると、もう寂莫としてものいうこともない。いったい先生は、これまでの問答をどういうものと呼ばれるのでしょうか」と言ったが、先生はただ笑って答えず、顧みて言った、「いったい、深い真理は玄妙であって、何とも言い表しようがないものだ。夢をみていると大変忙しいようだが、さめてしまえば何事もない。——今は観たものを断ち切る問答と呼ぶことにしよう」と最後に言った。

6　龍樹の中観樹立の試みはレンマの論理に転換さるべきである

以上は、「絶観論」の要旨であるが、何という徹底振りであろう。龍樹の中論にも、不生不滅があった。不一不異の説もあった。その否定は八不に終らぬことは勿論であるが、しかしそれによって「中」が論証し得られたか。得られなかったか。〔実証しょうとしても〕実証し得られるかどうか。龍樹ほどの鋭い論理家にはこれを論証し得て充分なるものがあるかの如く見えもしたが、然しそれはロゴスの論理によってであって、レンマの立場に於いてではなかった。肯定を否定すれば das Negative となり、一つの或るものとなる。しかし否定を否定すれば直ちに肯定となるか。ロゴスの論理では、肯定と否定との外に何ものもなく、且つ一方を否定すれば、それに対立する肯定となる。そこに肯定でもなく否定でもない第三のものは在り得ない。それが排中律であった。例えば人間は男性であるか女性であるかであって、その外に中性はない。中性のあるのは単に文法上のことであって、現実の人間には第三の性はない。然るに、龍樹はそのような排中律的論拠から中を考え、且つこれを中道として樹立せんとした。しかしロゴスの立場からしては、中は立てられない。それは無である。そのようなものは何処にもない。しかもまさにその〔ロゴス的〕理由からして、無を一つの或るものとして建てんとするのが、龍樹の立場であった。或るものとは有るものであるからしてである。しかし、中とは或るものであっても、決して在るものではなかった。なぜならそれは無であるからである。中とは無的な存在でなくして、絶対の無でなければならない。肯定に対する否定ではなくして、肯否いずれをも否定するものでなければならない。相対的否定でなく、絶対的無でなければならない。龍樹は単に、肯定を否定し、否定を否定することによって、中を獲得することができたであろうか。龍樹は、そういう立場に立ちながら、中道を得んとするものである。果してその目的を果遂し得たであろうか。然し肯定と否定とを対立せしめて中を得んとするのは無理である。無理であるのみでなく、不可能でさえある。そこには高々排中律が得られるのみであって、その外に——それ以上に何ものも得られない。絶対的中を得るためには、ロゴスの立場を捨てて、レンマの論理に転換しなければならぬ。レンマの否定はただに肯定を否定するのみでなく、否定自らをも否定するものでなければならぬ。その否定は単に肯定に対するものではなく、否定それ自らにさえ対立し、否定そのものをも否定するものでなければならなかった。(29)

中篇　個物と無的一般者の問題

一　「もの」の根拠を表明する論理、「故」

1　物―事―者の関係を支配する「故」の論理

ハイデッガーは晩年、『ものへの問い』(*Die Frage nach dem Ding*, 1962)を書いて[30]、この問いを以て「形而上学の根本の問い」とした。彼の名著『存在と時間』が出たのは一九二七年であるから、大雑把に言って彼の哲学は「存在」に始まり「もの」に終っていると言ってよいであろう。このことは彼に限られたことではなく哲学の常道とも言えるが、また翻って思えば、このこと自らが哲学の本領を語っている。

学問は一般に「もの」の研究であるが、ものとは或るものであり、或るものは先ず有るものでなければならぬ。無きものを我々は研究することができない。それはなかんずく西欧思想の特色であり、その歴史を通して一貫した思想であるが、今日の世界では必ずしもそうとは限らない。自然科学は主としてものを視聴覚によって把握せんとしたものであるが、今日の科学は通常の感覚を越えて微視的な、又は巨視的な世界を観察し研究せんとしている。若し感覚や経験に現われる世界のみが存在の凡てであると考えるならば、これほど大なる過誤はないであろう。むしろ存在しないものが存在に比して如何に広大であるか。今日及び今後の科学はむしろ非存在に喰いこみ、それを存在とすることに専らであるとさえ見える。見るとは発見であり、作るとは創作することとならねばならなくなった。

西欧では「もの」をthing, Dingと名づけ、凡ゆるものとは有りうるものの凡てであり、有るということの外に或る者があり得なかったが、我国ではものは「物」と「者」とを併称する。「物」は物質であるが「者」は人間である。両者を「もの」というのは人間も存在するものであるからである。者とは生きたものであるが、生物も死せる物ではなく、なかんずく人間であり、人格をもつものであるが、西欧に於いては「物」は必ずしも「者」ではなかった、両者を共に「もの」と表現するところに国語の特色が表詮されている。西欧ではものはDingであり人はPersonであるが、我国では両者の区別を明言しながら同一語によって表現せられている。[31]

物と者との間に「事」がある。ドイツ語ではSacheであるが物が人間に関係するところに「事柄」が生ずる。「こと」は単なる関係でなくして人間の行なうことであり人によって為されたことである。それは自然のものでなく人間のことであった。ことは行為の世界であることによってまさに、物と者とを結合する。それは単なる物でもなく者によって行なわれた「ことがら」であり、その限りに於いて「柄」をもち格によって装われている、単なる物でなく品物であった。

さてこの三者——物と者と事とは互いに如何なる関係にあるか。それは単なる関係といったものでなく、この三者を打って一丸とする作用であり生きたことがらが生ずる所以の関係であるが、これを支配するものは何であるか。それは「故」の論理である。

2 「故」は「もの」の根拠を表明する論理

物が者となるのは「故」によってであった。しかしこのことの論理を詳述する前に、先ずその事実の吟味から始めよう。「物故」とは、「死」を意味する。物故者が死者を意味するのは東洋に於いてもめずらしい表現であるが、何故に物が故となることが、このような転換をもたらすのであるか。死せる人を我々は物故者とよぶ。この点からいえば故とは「古」であり時間的に過去に属し、昔あって今はなきものを表わす。故旧とはその一般的名称であろう。

また、故事とは過去に属するが、我々の日常生活の拠って来るところを意味する。それは因って来るものではないが由って来るべきものであった。それは現在時よりも過去時にかかわり、故郷の如く人生を出発せしめ長く思い出として我々をつなぐものである。故事はまた来歴であり人間の歴史を形づくるものであり社会の制度・慣習を織りなすものである。単なる現在の事実であるよりも過去の先例として礼法を定めるものである。

「故」はこのように第一に過去であるが、単に時間的に先なるもの、又は先なる事でなく人間存在の歴史をつくりだす原理でなければならない。単なる現状をではなく人間生活の道程を支配するものといわねばならない。ここに「故」が存在の「根拠」をなすことを明言しうるのである。それは存在であるよりも存在の理由であった。存在の原因であるよりも、その理拠であるべきであった。

人間は人間を産む。我々がここにあるのは親という原理に基づいてであることは勿論であるが、人間が人間として生きるのは社会に於いてであり、この生活の理由を「故」の中に有す。

「故老」の貴ばるべきはこの理由からであるが、それの革新の叫ばるるのもこの理由によってであろう。我々が日常生活に於いて「だからして」とか「それ故に」とかいう言葉を頻用するのも「故」の論理であるといえよう。先述の如くそれは“because”であり「なぜならば」という答えである。それは恐らくcausa(原因)から出自したものであろうが、because となり be が添加されると意味を一変する。それは因果関係を表わすものでなく、理由の論理を表明するものである。ここに「故」が時間的関係から論理のそれに転ずべき所以がある。自然の世界は因果によって支配せられ、原因にはさらにその原因が求められ無限に至ってやまぬものであるが、人間の歴史はどこかに始まり、どこかから始められねばならぬ。そして初と始とは厳に区別せられねばならない。人間は自然的生物であるとともに歴史的存在でなければならぬ。歴史があって人格があり、人格によって形成せられたものが初めて人間でありうるからである。人間が単なる物でなく者であるべきこともこの理由によるのである。花に栄枯があるように人間にも盛衰はあるが、人生は者の一生であるから、盛衰は単なる物の変化であってはならない。

二　存在の無根拠性を表現するための論理、「故」

1　「故事」および「故事」における「故」(=存在の根拠)の意味

さらにここに一つの瞠目すべき事柄がある。——それは「故事」と「事故」との区別である。この二語はただ、語の逆位にすぎないが、「故事」は過去の事柄であり「事故」は未来のことである。それは、「故」が「事」に先立つか、事が故に先立つかの区別にすぎないが、前者は既に起ったことであり、今更どうすることもできないが、後者は事が先ずあって「故」が後に続く。前者は必然であり、「事故」は偶然である。事故とは何の原因から起るかわからぬが、むしろそのゆえに我々を驚かす。そして故事と事故は我々の日常生活に於てたえず出会う事柄である。この意味の必然と偶然とはもちろん自然科学に於いてのように厳密ではないが、それが日常生活にかかわる限り、たえず我々を悩ますものとなるであろう。

物が転じて者の世界に入るとそれは事となるが、事は必然なることと偶然なることとに区別せられる。過去の事柄は何人もこれを動かすことはできない、のみならずそのことが現在の我々を律する。然るに未来は将来であり、単に未だ来らざる世界であるのみでなく、まさに来らんとすることを期待せしめるものであるが、事故はこれを裏切って突発する。それはまさに故に先だって、又は故にそむいて突然発生する世界である。「めぐり会い」も故なくして出会うことであり偶然にすぎないが、人世に於いてそのことの如何に多きことか。それは因によってではなく縁によっておこる出来事であった。親から子が生れるのは必然であるが、男女の結婚はむしろ縁によるかぎり多分の縁起関係をふくんでいる。親子の遺伝にさえ突然変異があるとすれば、縁起の関係が多分に偶然の要素を蓄えていることは当然であろう。事故は予測を許さない。その来るや何の理由によるかは理由なきにしも非ずであるが、その起るや全く予測を絶している。そこでは事が主であって「故」は後から附加せられ、僅かにその拠って来るところを知りうるのみである。しかもそれ〔=故〕が理由であるからには合理的で我々を納得せしめるに充分なものがなければならぬ。それは時として理由に加えて種々なる条件(conditio)を必要とするであろう。それも必要にして充分な条件でなくては叶わぬが、我々はそれを完全に枚挙し充分に知悉することができぬ。

〔過去の事柄の〕理由にも非論理的なものがあり必ずしも単純に理性(Vernunft)が充満してはいない。たとえば歴史的事実は繰り返す、と言われるけれども、厳密には正確に再現することができず、ましてこれを任意に実験することはできない。それが果して事実であったか、事実であっても現実に我々の考えるようにあったかどうかはわからない。たしかに故事は既にあった事実であり、後代に於いて何びとによっても動かすことのできないものである。歴史的事実は後人の一指もふれ得ぬ事実であり、歴史家はただこれを認め、そこから始めそれに帰属するより外にはなかった。現在の事柄であるならば善悪又は正邪の判断があり、これを匡正する方途もあるが、いったん史的事実として定められた過去にはただ理解し解釈することしか許されないのである。歴史的事実が正当なる理由によってではなく、むしろ多くの不合理によって支配されていることは、歴史家の熟知するところであろう。その理由はロゴスではなく、ラチオであること〔ママ〕は殆ど運命的である。古代国家の興亡が如何に多くの偶然を湛え、時として運命を唯一の原理とするかとさえ覚えしめるのもこの理由によるのである。

我々はここに存在の理由を求めて殆どそれを失う危険にさらされる。我々は因果を求めてその第一原因を求めえぬことを笑ったが、理由を求める我々も又同様の困難に陥るのではないか。理由にはさらにその理由がなければならぬ。それを求めて徒に彷徨するの愚は却って我々を逆襲するのではないか。

まことにその通りである。我々は存在の根拠を求めて理由に至らんとするのであるが、それを模索して却って理由を見失わんとしているのではないか。

然り、そして然らずである。

カウサ(原因)(32)は自然科学の原理であるが、理由(because)は存在の根拠である。我々は存在の根拠をcausaからbecauseに移って求めたが、さらにbecauseからof courseに転じて徹底的にこれを求めねばならぬ。

2　「故」は存在の無根拠性を表現する「勿論」の論理である

of course は「勿論」であり「言うまでもない」ことであり、理由として何かを求める必要のないほど明晰にして判明なることである。of course の of は、「それに就いて」「それに関して」（の of）であるが、その語源は恐らく off から出て、これを離れ、それから脱する意味をもっていただろう。*

* この点については言語学者に多くの異論があるかもしれない。正直に言ってそういう奇説をのべた言語学者はないかもしれない。全く私見である。しかし私は、of は off とは根源的につながっている、と思う。それについて (of) 論ずるのはそれから遠ざかって見ることなしには不可能であり、ただ密着していては正当なる関係が見ぬかれえぬからである。果して学界の同意を得られるであろうか。

ともあれ、「勿論」とはその理由をのべる必要がないことであり、且つその必要のないほど直接にして分りきったことであろう。それは理由をのべるまでもなくそうであり、そうであるからして「勿論」と一喝せられる。それは存在の根拠を求めて何処にもないこと、根拠の理由の存在しないこと、を公言する。そしてそれはむしろ存在の根拠を非存在に求めることであった。存在の原因を再び存在にではなく、却って無に求めんとすることであった。存在にとってはその根拠はどこにも見出されえぬ。まさにそのことが存在の根拠となっているのである。花は何故に咲いているか、また美しく咲くのであるか。それは種子がかつて蒔かれたからであると言うのは、自然科学の立場である。しかし花は何故に美しくあるか。花は美しいから美しいのであって、その他に何の理由もない。それは of course のことであってそこには because を問い、又は言う必要はなかった。“sunder warumbe"である。この理由は言う必要がない。それを言うことができないからである。言えないことがまさにその理由となっているからである。

　それを未来にひるがえしてもまた同じようである。花は何のために咲くのであるか。人間は何を望んで生くるのであるか。牛は人に喰われんが為に生まれたのではない。草は牛の食用としてのみ茂っているのではない。牛を食用として飼育することは人間のことであって牛自らの生存の理由ではない。その故に心ある人々は肉食を忌み、さらにこれを禁ぜんとした。肉食を当然のこととして恬として恥じざるは物としての人間であって、人間としての人間のことではなく、まして神の心を心とする人間のことではあり得ない筈である。しかし人間はこれを隠してまで尚生きんとする。生きるために生きんとする。生くるものにとって生きることのその上に貴ばるべきものはなかった。

　花は何のために美しく咲くか、それは見る人を喜ばさんとするためであるか。しかし見る人もなき深山の桜は何のために美しく咲くか。花は自分自らとしてはそれを意識しない。見る人もなくやがて散らんとする花に何の意識があろう。そこに何の理由もなきことは明らかである。原因はあっても理由のないことは当然である。花自らとしては何の理由もなく花開き色美しく咲く。たとえやがて散らんとするものであっても[33]美しく咲くのである。

　人間は物を食べて事とし、Ding を Sache として消化せんとする動物であり、その営みは恰も桑を食んでシルクをつむぐ蚕の如くであるが、その営みは必ずしも正しくなく、必ずしも美しくないかもしれない。否、むしろ多くの罪業につらなり根づよき宿業に煩わされていることもあろう。しかし人間はこれを意識している。意識することによってのみ人間でありうるからである。しかし悲しきはこれを意識しても、その理由の何であるかを知らない。知り得ざることを基礎意識としているからである。しかもこの意識は必ずしも楽しく喜ばしいものではなく、却って苦悩であり煩悩でさえあった。

所詮、存在にはこれを根拠づける理由はない。むしろそうであることが存在の唯一の根拠でなければならなかった。存在の原因を求めて無限に溯っても、何がその第一の原因であるかはわからない。その未来を望んで如何に希望を抱いても、その来るや否やについて何の保証もない。それはむしろ事故であり偶然にすぎぬであろう。ただ一つそこに憑拠せらるべきは「故」あるのみ。故は過去の存在であるが故に現実の先駆者であり、未来の標的《〔ママ〕》であるが故に事故の理由となる。故は単に古であり先なるが故に、根拠とはなり得ない。故は起るべき何らかの理由をもつことは明らかであるが、さてその来るや否やについては何の拠り所もない。それ故にこそそれは偶然な事故であった。現存在は過去の故と未来の故との間にある。共に両方にまたがると言ってもよいであろう。

「故」の論理は「故事」の場合のように、過去にふりかえることによって理由となるが、それはただ時間の問題であって論理の問題ではあり得ない。況んや未来は事故であり偶然であるからして論理性はあっても実在性には恵まれていない。それに反して過去は何故に時間性と共に必然性を保有し得るのであるか。それが過去の事実であったからして現在を支配しうるのであるか、しかも必然的にそれを束縛し得るのであるか。故は古老であるとともに原因であるからしてであると考えられるかもしれない。しかし古老は何故にそれだけの権威をもち実力を保っているのであるか。理由は由って来るところであっても決して因って来るべき原因ではない。それはそこから始まるものであってもそれから生ずるものではない。因果に於いては原因はこの系列の外にあるが、「故」の論理に於いては理由はこの体系〔そのもの〕の中になければならぬ。即ちそれは自己の前にあるものでなく自己の中になければならぬ。所詮それ〔＝故〕は causa でなく causa sui でなければならなかった。それは因って来るところのものでなく拠って在るところの根拠でなければならなかった。そこから生起するものではなく、それに拠ってあるものであるべきであった。そこからそこへ来るものでなく、それによってそこにあるべきものでなければならなかった。しかし人はいうであろう、——そういうものはどこにもないのではないか。

それに答えて我々の言わんとするところはこうである。——そのような「故」は、どこにもないという、まさにそのことを存在の唯一の理由とするものである、と。我々はそういうより外に答ええぬことをまさに「故」の論理としているからである。

それは一つの学問の王国であり、その王国の発言である。それは自然科学がいかに進歩しても一指だにふれ得ぬ世界のことである。例えば色彩学に於いて赤は何故に赤いか、赤はどうして緑と異なるかは今日の光学やその他によって厳密に研究し得られるであろう。しかしバラの赤さは何故に美として感ぜられるかは、物理学では解答し得られぬ一つの謎である。美しいということは「もの」にあるのではなく、我々の視神経にあると言われても、どういう神経がそれを可能にするかは開明せられ得ぬであろう。物を事とするのは人間の仕業であるが、事は必ず何らかの意味をもち、更には価値をも具備しなければならぬ。これらの営為は何によって可能であるのか、自然科学の遂に解明し得ないところであろう。

三　個物の限定の問題。逆対応の論理への批判

1　存在の根拠たる無又は非は、いかに現実存在を規定するか

存在の根拠は無に於いて見出される。ということは存在がそこにあるのは無によってであり無に於いてであるということである。物がそこにあり、そのものであるのはそこ〔=ものの根底〕に何ものもないからしてであった。そこに何らかのものがあれば、それはそのものではない。それが何ものかから生ずるならば、それは何ものかであってそこにあるそのものではない。物はそれぞれにそのものであって決して他のものであるはずはない。それがそのものであるのは他のものでないという理由からである。他のものに非ざることが、そのものをその物たらしめる所以であらねばならない。非存在とは即ちそれであった。それ〔=そのものをそのものたらしめるもの〕は、ただにそのものでないのみでなく、そのものより他の何ものでもあり得ぬ。しかも恰もそのことがものを物たらしめるのである。

所詮、非存在は何ものでもなかった。非存在という或るものでないのみならず(そうならばそれが又一つの存在となるから)、何らの存在でもあり得ぬ。非存在ではなく非であり、物の非性そのものでなければならなかった。

しかしそういう非性が何故に、又は如何にして存在性を規定しうるか。それは自らとしては何ものでもないの

にどうして或るものの根拠となりうるか。無は非性である。無は有をそれに於いて成立せしめる、と言っても如何にしてそれを可能ならしめるのであるか。――それが次の問題である。そして、恰も空がそれ自ら虚であるが故に他を存在せしめうるが、それが実であるならば、もはやそのようなことは不可能であるように、無はそれ自ら何ものでもないが故に凡てのものの根拠となりうるのである。

上来、我々は頻りに存在の根拠を無に、有の根柢を非に求めんとして来たが、それは一般的に可能であるとしても現実の存在を規定していない、個の問題を解明し得ていない、と評せられるかもしれない。しかも我々の切実に求めるのはこの問題であった。それは現実の問題である。単なる存在の問題ではなく、「もの」又は物と者との問題である。ものは一般的に有るところのものであるが、そして凡ゆるものとは在りうるところの凡てではあるが、我々の解明せんと希求するのは現に在るところのものであって単なる一般的事物ではなかった。現実の事実は此のものであって他のものではない。此の物にして同時に他の事物であるもの、一般的事物について我々は希求したのではない。しかもこのものはそれぞれに個でありそのものである限り他とは異なっている。ライプニッツの言ったように、一枚の葉といえども同一なものはない。この個体と個体との間を基礎づけるものは何であるか。

2　個物性の規定の諸可能性。privatio、代名詞による指示、等

ハイデッガーは個性について、個別性(Einzelnheit)と各此性(Jediesheit)とを区別した(ハイデッガー、前掲『ものへの問い』序編、第五節)。前者は一つの個物と他の個物との離別性を意味するが、この性質の根柢には個物の個

たる所以、このものの特性がなければならない。各〻の個物がそれであるところのそのものがなければならぬ。それは更にそのもののみが持っていて他の所有せざるものである。ここに privatio が物の特性をなす。プリヴァーチオとは前述の如く〔一一九頁〕、或るものをもちながら他のものの欠けたる状態である。privare というラテン語は「奪う」意であるが、月の形が半月であるのはその一部が欠けたるが故である。それは全き非存在でなく部分的欠如であるにすぎない。privatum は所有が欠損して部分的に奪いとられた状況をいう。私有とは即ちそれであった。一般に公開せられないで私人の所有に限られたものが「私的」であった。

この関係〔＝個物の限定〕については一般に無視せられ乃至は軽視されているが、現実の事実について案外に重要なるものであり、更に綿密な考察が要求せられてもよいであろう。ラテン語に於いては「此れ」(hic) は此処にある此のものを意味するが、「彼れ」(iste) は彼処のそのものをいう。「あれ」(ille) は「遠く離れた彼のもの」を指す。ギリシア語の「それ」(ἐκεῖνος) はこの第三種に属すると言っていい。これらの語は此れとか彼れとか一つの個物を指示する代名詞であるが、代名詞といわれる以上、何ものかに代って指示されたものであり、まさにそのものの個物性を表明すべきものであった。その点に於いて代名詞はそのものに代って、そのものの個性を表わさんとするものであるが、それは決してそのものの一般性をではなく、必ずその個性を表示することに向って働くことに注意せねばならぬ。

冠詞 (article) は名詞に冠せられて事物の性質を表わすものであり、欧米語の殆どすべては冠詞を持っているが、それは何のためであるか。随分奇妙な努力であって、むしろ（我々の国語の如く）無きに若かざる思いのせられるものであるが。

代名詞はそれに比して、たしかに物の個性を示さんとするに近いであろう。勿論それは代名詞であるから名詞に代って指示せられるものであるが、その指表せんとするのは明らかにそのものの個性であった。

しかし個物は代名詞によって指示せられるよりも遥かに豊富な内容をもっている。それはそのものの所有する性質とそれに欠如した存在とによって規定せられる。それ故にそれは「私物的」性質を有するが、これは個体の積極的な性質であり得ない。それの存在性は寧ろ他との関係によって規定せられる。少なくとも自は他によって、他は自によってのみ存在性をもちうるのである。

3　個物の存在性は縁起性によって限定され、無自性空である

それ〔＝個物の存在性〕は縁起性であった。縁起とは他に依ってあることであるが、その依ってあるのは縁ってあるのである。それのそれなる所以は他を待ってそれに縁るが故である。勿論依ってあることはその限りに於いて自性を失うことであるが、無自性空は却って他によってあることをその自性とする。それが自性を立てて他を排するならば、それは独自性ではあっても決して個性ではあり得ぬであろう。個性は自性であると共に他性でもあらねばならぬ。自性と個性とはこの点に於いて明別せられるが、却ってこのことが個を個としてあらしめる所以となるのである。個は現実の個体であるがそれを成立せしめるものは自性である。しかもそれを可能にするものは自性なき空であり、個の根拠はひとえに無自性空によって可能であるといわねばならぬ。

自が自としてあくまでも独自性を貫こうとすれば却って自性を失って単なる個別性となる。他は他として自性から離別すれば逆に他性をさえ失わねばならぬであろう。自は他に拠り他は自に縁って初めて自他となり両者は

互いに対応する。対応とは単に論理的関係でなく、何よりも先ず個と個との対応でなければならなかった。

4　個と個との対応には差異および対立関係が先行する

しかし個体が無自性空であり、個体を根拠づけるものが非であるとすれば、個と個との対応は如何にして可能であるか。対応は先ず対立を前提とする。対立なきところに如何にして対応がありうるか。主客は一であって別のものでないのならば、如何にして対立が、また対応があり得るか。対立とは個と個との関係であって個と全とのそれではない。個と個とはそれぞれなる privatio によって差別せられるが、それはもちろん差別であって対立ではない。対立とは二つの個物が明晰に相対し且つ対抗することである。それは諸物の差異ではなく、まさに対立する関係でなくてはならぬ。差異は高じて対立となる。例えば諸色は互に異なるのみであるが、白と黒とは対立し対色としてある。凡ての色は稀薄化されて白となるか濃縮されて黒となる。黒白は諸色の両極にあり以て色の世界を構成するのである。対立とは差異の極限にあって一つの領域を画するものである。

しかしそれ故に対立は必ず対抗であるべきであるか。対立するものは常に、そして必ず反立の関係にあるべきであるか。対立にして対応が可能であるとすれば、対応は常に、そして必ず逆対応でなければならぬのであるか。私はこの点に疑問をもつ。

5　対応―逆対応の論理への批判

対立は先ず矛盾の関係と峻別せられねばならぬ。対立は両立を許すのみでなく、むしろその必須条件である。

男性は女性と性に於いて対立する。男女は単に差別せられるのみでなく互いに対立せしめられているが、その故に男女は互に逆対応すべきであるか。むしろ事情は逆である。男性は女性を、女性は男性を待つ。いずれもなくしては人間の社会はなりたたない。これに対して「矛盾」は一方が立てば同時に他方が立たないことを原則とする。一方が肯定であれば他方は必ず否定でなければならぬ関係にある。肯否は決して同時に両立し得ない。

矛盾の論理は決して対立のそれではなかった。これを混同するところに弁証法論理の出発があり、それを徹底せんとするところにディアレクティクの哲学が生れる。その弁証法は必ずしも矛盾の逆転ではなかった。弁証法の立場は単に「矛盾」の論理のみを基礎とすべきではなく、むしろ対立の論理をその中に具備しなければならぬ。そしてそれを試みたものが対応の論理であるが、しかしそれにしても対応は、必ずそして常に、逆対応でなければならぬというのは果たして如何であろうか。

私の考える所によれば、対応の原理は個と全との関係に於いてその全威力を発揮するものであって、必ずしも凡ゆる対応について妥当するものではない。個と全とはそもそも逆対応の関係にあって、その対応は常に逆でなければならぬが、個と個との対応は必ずしもそうではなかった。諸々の個物の対応は必ずしも逆ではなく時に順であり、むしろ順であることを常態とする。人と人との関係も必ずしも homo homini lupuls[34](人は人に対して狼である)ではなくして、互いに「羊」の関係であろう。個と個とは互いに無関心であるか、又は平和であって、互いに対抗し反逆するのはむしろ特異の場合に限られている。若し国と国とが戦うならば非常時であって平常の国際関係でないのである。人類は他の動物を殺害して生き、国家は他国を侵して領土を拡張せんとした。その歴史はむしろ血を以って彩られた汚辱の連続であるともいう。それにも拘らず人の性たるや必ずしも人に対して狼ではない。若しそうならば国家も社会も成立し得なかった筈である。逆対応はむしろ原則に対する例外である。いずれの法律も例外を認めないものはないように、戦いはやむを得ざる必然悪であって決して常則であろう筈はない。

逆対応とはそのような日常的なものではなく、さらに深く、さらに原理的なものであることは充分に認めらるべきであるが、しかしその原理は、個と個との対応関係の原理ではなく、寧ろ、個と全との対応又は逆接として考えらるべきことではないか。

若しそれが存在の唯一の原則であるとすれば世に平和はなく、永久の平和とは人間の夢にすぎないものとなるであろう。

我々にとっては対応は必ずしも一義的でなく、一様であるべきでさえもない、寧ろその種々相が明別せらるべきである。それにしても尚我々の浅薄なる理解と主張とは単に笑わるべく憐れまるべきであるか。

この点に関しては「対応」に対してさらに「相応」の思想を導入すべきであると思うが、今暫くさしせまった問題について考慮を重ねよう。

6　個が個に対する「相応」の関係は実存的関係である、論理的関係ではない

個と個との関係は対応に先だって「相応」によって準備せられる。相応に基づかない対応はそれとして成立しない。しかし論理的にいえば、相応は対応の関係によって初めて成立しうるものであるとも考えられる。相応とは単に二つのものの関係ではなく、それらが何らかの仕方に於いて対立する関係でなければならない。たしかに、

個と個との関係は所詮個と全との関係によって基礎づけられている。二つの個は一つの全に於いて、またそれによって成立しうるからである。この点からいえば個は全によってその関係を全うするわけである。然るに、全と個との関係が逆対応であるとすれば個と個とのそれも又逆対応でなければならぬと駁する人もあるであろう。我々はこの点を充分に認容するものであるが、にも拘らず、個と全との関係は個と個とのそれから明晰に区別せられねばならない。なぜなら個と個とは論理の関係ではなくて実存の関係であるべきであるからである。個が個に対するとき人間は必ずしも全の上にたつとは意識しない。寧ろそれを忘れている。当面の問題は個が直接に他の個と当面し、多くの場合柔軟に、時として酷烈に関係することである。我々の激怒するのは特定の個に対してであって決して全に対してではない。寧ろ激怒するのは非常のことであり、必ずしも平常心に於いてではないことを常とするであろう。全と全も時に烈しく逆対応するが、しかし我々の当面するのは個が個に対する関係であって、必ずしも全に対するそれではないであろう。国と国との戦いに於いても赤十字の仕事は傷ついた他国の兵士にも及ぶことを我々は見る。それは天下の公道に対してであるよりも、先ず当面惻隠の情に出づることが多いであろう。

この関係は弁証法的論理によって弁証せられ得るものではなく、さらに広汎にして切実な存在関係の上にある。

四　「中」の論理と「媒介」の論理。ヘーゲル弁証法の批判

1　ヘーゲル弁証法の論理的核心は矛盾律の逆転にある

プラトン以来ヘーゲルに至って完成せられた弁証法論理は個と個の対立ではなく、正(Thesis)と反(Antithesis)との対立であった。そしてこれらの対立を弁証することに於いて極めて弁証的であった。これらについては茲に詳述すべくもないが、この論理の綱格は大略次の如くであるであろう。——正に対して反立せしめられるものは論理的に「矛盾」するものであった。正と反とは互いに異なるのみでなく、まさに反立すべきものであった。従って正が立てば同時に反は立たない。正のある限り反は成立し得ない。両者は不倶戴天の関係に於いてあるのである。

この形式論理の第二則、矛盾律を逆転して一つの新しい論理を樹立した人がヘーゲルであったのである。論理では肯定であるか否定であるかの孰れかであるべきことはアリストテレス以来の伝統であったが、これを逆転して肯定と否定との両者を同時に成立せしめたのがヘーゲルの弁証法的論理であった。これはまさに論理上の破天荒の革命といってよいであろう。ヘーゲルは然もこれによって論理を単に思惟にとどまらしめず存在の世界にまで及ぼして、広く深い彼の哲学の立場としたのである。蓋し存在は肯定と否定との両者によって成立し、従って運動する存在はそれ〔=両者〕によってのみ、把握し得られるからである。存在は動的であり、たえず進展する。

その原則は従って単なる静止によってではなく運動によって規定せられねばならぬ。しかも運動の論理は肯定のみによってではなく、同時に否定によって規定されなければならぬ。生成し変化するものが運動であるからしてである。その点に於いてヘーゲルの弁証法は思惟と存在とを合一し、存在を運動に於いて把握したものとして、絶大の完成の域に達したものにちがいない。

然しこの完域は決して絶対的たることが許されぬ。西欧の哲学は決して、ヘーゲルによって完成せられ、彼以後進展を拒否するものとなったのであってはならぬ。我々はさしずめ次の二点[35]についてヘーゲルに対する非難を——或いは少なくとも不満を陳述しなければならぬ。

2　排中律を発展させているのは寧ろ、龍樹の中観哲学である

一は次のことである。なるほどヘーゲルの弁証法的哲学はアリストテレス以来の西欧の論理学のクライマックスを示している。しかしヘーゲルの仕事は形式論理学の第二則、即ち矛盾律の逆転に留まって、第三の排中律のそれにまで及ばなかった。厳密に言って、ヘーゲルも排中律については言及しなかった、とは言えないが、この法則の何たるか、人類の思考の世界に如何なる役目を果しているかという問題については殆ど考慮を払っていないと言うべきである。ヘーゲルの弁証法的思惟はやがて衰微して、その学問的方法はマルクスに移された。哲学から離れて経済学に移され、一世を風靡したが、それとても弁証法的方法が一方から他に移転したというだけで何らの学的批判もなく、方法論的吟味さえもなかったと思う。私は排中律の発展は却ってインドの論部に於いて始められ、そこにめざましい発展を遂げて、やがて大乗仏教の根本的原理となったのではないかと思うのである。

勿論この論考は極めて粗雑であり大胆でもあって、未だ学界の承認を得ないことであり、またこれを論証することとは別の精細なる研究を要することであって我々如き素人のよくする所でないことは明白であるが、或いは他日そのような篤学なる研究者の出づることもあらんかと翹望の念に堪えない。

それはインドの龍樹の立場であった。もっとも龍樹は紀元一世紀の人であり、ヘーゲルがドイツにて活躍したのは十八―十九世紀のことであるから、排中律の逆転を矛盾律の逆転のあとに位置づけるのは、歴史的順序として見るならば、大なる過誤であることは勿論であるが、にも拘らずこの暴挙を敢えてせんとするところに東西両文化の交渉の可能性を見ようとすることは、必ずしも無意味ではなく笑止に堪えぬことでもなかろう。二十一世紀に入らんとしてこの問題がとりあげられるとすれば、歴史の推移の中にも又一つの奇蹟が見いだされるかもしれない。

龍樹の立場は中観論である。それは肯定と否定との外、またはその間に、中的な存在を認めようとする立場である。論理は肯定であるか否定であるかの孰れかであってその他にないというのは、形式論理の第三の排中律である。この原則を破って「中」を立てようとするのが龍樹の立場であった。しかし龍樹がそのために用いた論法は寧ろ両否の論であって、直ちに「中」的な或るものの建設ではなかった。例えば論題を生滅・去来・一異・断常にとる場合にしても、それらは不生不滅とか不一不異等々である、というように両極を共に否定せんとするのみである。その論法は極めて鋭利にして綿密であって我々を首肯せしめるに足るが、しかしてその結果は如何なるか。凡てを否定することによって何を得るというのか。万物は生じもせず滅しもしないとすれば、果たして如何なる在り方をもつか――生滅の外に何らかの存在の仕方が果たしてありうるか。人間は男性か女性かの孰れかであるが、その他に第三の中性というものがありうるか。考えることができても果たしてそういうものを見ることができるか。中性とは単に名詞のそれとしてしか存しないのであって人為的なものにすぎない。動物には初期に両性を備えているものもあったが、発達すれば必ず男性か女性かの孰れかであって中性というものはないであろう。物理学に於いて中性子が発見せられたと言っても、それが如何なるものであるかは容易に知悉せられ得ない。それが原子として存在しても永久にそうあるのであるか、又は一時的にあってもやがて消失し去るものであるかは未解決の問題であるようである(湯川秀樹『存在の理法』、五四九頁参照)。

試みにかれら中観論者の弁論を聞こう。例えば仏護は言う。「諸法は自より生起しない。彼(自)の生起することは無意義であるからである。また太過となるからである。なぜなれば自体を以て現に存在するものには更に生起する所がないからである。しかし物が現にありながら尚も生ぜんか、何時でも生じないことがないからであろう」(入中論、第八偈)。

事物には生滅はない。自より生ずるということは、因体としての彼と同一なるものが更に生ずるということであって無意義であろう。生滅とは因から果が生ずることであるが、因と果が同一ならば何らそこに新しいものが生ずるわけでなく、ただ同じことが繰り返されるにすぎぬ。

しかし因と果とが全く別のものであるならば如何にして果が因から生じ得るか。因と果とは従って一にして異でなければならぬ。しかもこのことは一でもなく異でもないことを前提とする。一と異とは互いに相反するものであるが、一にして同時に異なること(=因果)は一にもあらず異でもないからして可能となる。

去来の関係も又同様に論ぜられるのである。去来するとはただ去って在らざるものが、同時に来ってあるものとなること、即ち、未だなかったものが来って有ること、であるが、そういうことは如何にして可能であるか。また、在るものが動くということは如何にして可能であるか。動とは現にあるものが去って無く、未だなきものが来ってあることであるとすれば、動とは動に先立って在りて無く、無くして有ることでなければならぬであろう。所詮、動とは存在と非存在との合一であるというべきであるが、さてこの合一とか統一とかは何のことであるか。これを単なる混合として見ることは余りに幼稚でありさらには混合の意味について一層難解なる問題に直面しなければならぬ。

ヘーゲルにもこの問題はあった——否、寧ろ彼の哲学はこの問題を出発点としその解決に畢生の努力をささげたとも言えよう。ヘーゲルにとっては、それは肯定と否定との対立として巨大なる姿をあらわした。——肯定は同時に否定たることを得ない。一方が立てば同時に他方は立つを得ぬ。若しそれを冒せば「矛盾」に陥る。矛盾律とはこれを排斥する形式論理の第二法則であった。矛盾は排撃せられねばならぬ。矛盾律はそのことを厳命するロゴスの論理であった。

3 ヘーゲル弁証法は「中」的存在を「媒介」的作用に転ずる論理であり、永久の闘争の論理である

ところが矛盾を排斥することなく、却ってそれによって論理の立場を見出さんとしたのがヘーゲルであった。これは一つの思考革命である。矛盾するものは両立しない。一方が立てば他方は倒れる。肯定と否定とを同時に両立せしめることは矛盾律の到底許せぬ過誤であり、論理的には不可能でなければならぬ。その不可能性を転じて可能ならしめ、さらには唯一の立場とせんとするものが弁証法的論理であった。Dialektik は dia＋logos であ

り肯否の二分から出発せんとするが、しかもその二部分は互いに相殺の関係にある。倶に天を戴かざる間柄にあることが弁証法論理の特質である。この不両立性を知悉しながら逆にこれを利用せんとしたものがヘーゲルであった。一つの措定をAとすればそれに対する他の凡てのものは非Aである。存在はAと非Aとから成立すると見るのが弁証法の出発であるが、次にAと非Aとは相反の関係にある、と見ることが第二の条件となる。AはB、C、その他とはただ異別の関係にあって必ずしも相反的でないが、Aと非Aとは最初から反撃的であり、もとより相反的であって、両者を合一せんとすれば直ちに矛盾に陥る。ヘーゲルは寧ろこの相反性を基として論理を展開せんとしたのであって、矛盾なしには存在はあり得ぬことを強調する。彼にとっては矛盾は論理を破壊するものではなく却ってそれを建設するものでなければならなかった。アリストテレス以来論理の中軸をなした矛盾律は、ここに於いてその性格を一変せざるを得ぬものとなったが、それはたしかにヘーゲルの偉大なる功績であるであろう。

しかしここに見逃してはならぬ重大な問題がある。その一は次の如くである。ヘーゲルはこれによって正と反とを統合して一つの体系を作り上げたかに見えたが、果たしてそれに成功したであろうか。肯定と否定とはそもそも相容れないものとすれば、これらを統一する原理はありうるか、ありうるとすれば如何なる論理であるか。例えばここに「中」又は「間」をとって見よう。肯定と否定とは中によって結合されると言っても、果たして如何なる機構によって可能なのであるか。しかも形式論理に於いては、そういう「中」は認められていない。むしろそれを排除するのが、その第三則即ち排中律であった。肯定と否定との外に中は認められない。矛盾と中とを排斥することが形式論理の第二・第三の法則となっているのである。前者〔=形式論理の第二法則〕を排斥することによって弁証法論理は開発せられたが、それは排中律[36]を拒斥することによって自らを完成せんとすべきではないか。しかしヘーゲルに於いて、この第三則の問題は軽視せられ殆ど無視せられている。余りに「矛盾」の排斥に夢中となっていて忘れられたと見るのはひが眼か。

ヘーゲルでは「中」はむしろ「媒介」に転換せられた。彼の Mitte はやがて vermitteln になってしまったのである。肯定と否定の間に中的なる存在(die Mitte)があるのではなく、正は反を、反は正を媒介(Vermitteluug)とすることによって結合し統一せられると考えられたのである。[37] 中は存在であり、媒介は作用であるが、両者はもともと一であり、前者(=存在)から後者(=媒介)を導出したことは、ヘーゲルの世に知られぬ功績であると言ってよい。テーシスが正であることはアンチ・テーシスによって媒介せられることによって可能なのであり、反が成立するのも正によって媒介せられることによって可能なのである、更にこれらの可能性によってシンテシス(合)が完成するのも、専らこの作用(=媒介)による。そしてこれらの作用の進展が即ち弁証法的展開であるに外ならなかった。

しかしこの発展(無限にして還帰的な)はあくまでも論理的展開であって、果たして同時に存在のそれであり得たか、又はありうるであろうか。

ヘーゲル自身は、卓抜にして雄大なこの論理性を以て、自らよしとし、自らに安んじていたかもしれないが、容易に(彼に)屈服すべからざるものを彼に於いて発見せんとする我々である。ヘーゲルの立場はさながら戦争によって文化は発展する、という一派の人々の論説にさも似ている。なるほどそういうこともあり得るが、我々は戦争によってのみ文化が発達したとは考えない、また考え得ぬのである。

4　弁証法の中心は「対立」にあり、相補的相互的関係である、と理解さるべきである

肯定と否定とは互に相殺する論理であり、その間に中がないとすれば、弁証法は永久の闘争の論理であらねばならぬ。我々はそういう論理を知ってはいるが到底それを認めるわけにはいかぬ。弁証法の綱格は「矛盾」と「中」との排撃に終わってはならぬ。殊に「矛盾」の逆転をその中心思想と思い誤ってはならぬ。私の見るところでは、むしろその真髄は矛盾にではなく「対立」にある、といわねばならない。存在と存在との関係に、差異と対立と矛盾との三を数えることは、我々の持論であった。そして弁証法とは決して逆転せる「矛盾」の論理であるべきではなかった。むしろそれは第二の「対立」の関係に中心をおくべきであると思う。対立(oppositio)とはものとものとの反立を出発とするが、必ずしも相互の排除を主張するものではない。却って対立するが故に相互に相補的でさえあるべきである。男性と女性とは、性的には勿論、多くの点に於いて「対立」する。しかしそれ故に相互に排除し抹殺すべきではなく、却って相補い相助け合うものでなければならない。対立は相反ではなく却って相互的なることを本質とする。人間の生存と社会の存在との事実はこの事を証して余りあり、これを否定する人も恐らくは皆無であろう。

対立は差異と矛盾との中間にあり、一方に矛盾とつらなると共に、種々なる差異の世界をその内に成立せしめる。それこそ中的存在と言われてよいが、しかしヘーゲルにとっては、そのような Mitte は存在しなかった。それ〔=ヘーゲル弁証法の媒介〕は存在であるよりも作用であり、肯否を媒介するものとして構想せられている。それはたしかにヘーゲルの秀れた一つの思想であるが、しかし肯定が否定と直面して中間を容れずに互に媒介する

ということは、如何にして可能であるか。それを果遂し得るのは論理性のみであって存在性ではなかった。正と反とが媒介せられて成立するものは果たして何であるか。反は正に反抗することによってであるが、それによって正と反とが媒介的に統合せられてもそれは存在となり得ない。媒介によって得られたものは依然として論理性のみであって、存在性ではなかった。所詮ヘーゲルにとっては「合」(Synthesis)は存在として得らるべくもなかったのである。彼によって排中律の逆転は遂になしとげ得られなかった。反が正に対して対抗するのは全くの否定性によってである。正と反との合一は見せかけのものであって、真実には合一ではあり得なかった。ヘーゲルは矛盾律を逆転しながら、排中律のそれは果たし得なかったのである。この故にモイレンはヘーゲルの綜合は「破られた中」(本書一七頁)であると喝破したのである。排中律が逆転して容中律となりうることはヘーゲルにとって不可能であり、西欧の論理が弁証法論理に至って行き詰まり、その後の発展は見られない、と言われるのもこのことであろう。

五　中観哲学および般若の論理と根拠の問題

1　龍樹の「中」の論理と問題点

「中」の論理は西欧に於いてではなく、インドの論理において早くから着目せられ、樹立せられた。それは大乗仏教の興隆と共に発達したものであるが、ヘーゲルを溯ること千数百年である[38]。それは龍樹を開祖とするものであるが、それに対して我々は敢えて言うべきことをもっている。中観説は果して「中」の確立を果遂し得たものであるかどうか。

龍樹の論法を見ると、それはこうである。諸法は生じもしなければ滅しもしない。諸法が因から生起するとすれば、同じものから同じものが再発することであって無意味である。抑々因から果が生ずるのは自よりしてであるか、他によってであるか、共(自と他との)によってであるか。龍樹はこの三者を凡て否定する。因と果とは一でもなく又異でもない。然らばこの関係は一にして異であるというのか。それは論理上如何なるものであるか。不一不異なるものから、中が生ずるのであるか。そうならばこの論理は果たして何であるか。

しかし凡てのことがそのようにしてこのこと(=不一不異)[39]から否定せられても、それ故にそれが中的存在であるとは言えない。肯定は否定の否定であるとしても、否定を重ねることによって肯定は得らるべくもないであろう。ヘーゲルにとって問題になっていたのは、一と異との関係ではなく、一と不一との関係であったが、龍樹の立場は弁証法ではなく、一と異の関係であった。ところがここに於いては異は多となり、一と多との関係に転ぜられている。然し多を全く否定しても、そこから一に返すべきではなかった。多は尽く否定すべく余りに多であるからして、多の否定によって直ちに一の肯定に達することはできない。一即多という命題は一即異ということとは同一ではなかった。矛盾対立するのは一と不一とであり、一と他(=異)とではないからして、他(=異)をいくら否定しても、そこから直ちに一の世界は得らるべくもないであろう。龍樹は徒らに否定を重ねた。しかし無限の否定からして直示の肯定が得らるるであろうか。

龍樹の中論はややもすれば虚無に陥らんとする。その思想は汎神論から虚無論に傾かんとする憂いがあり、また屢〻そうしたものとして非難された。凡てにといて神ありというのは、どこにも神がないということと同一ではないか。神と万物との関係は一と多との関係ではなく、肯定と否定との対立でなければならぬ。そう考えるのは弁証法的神学であるが、しかし否定を否定しても直ちに肯定は得られない。龍樹は否定を重ねることによって「中」を得んとしたが、それも空しき努力であったかもしれない。彼の「中」は決して「間」ではなく、むしろ否定そのものの存在であり、ヘーゲルの Mitte と等しく、作用であったと評することもできるが、何故に否定が中とよばれたか。単なる否定のみから入中する(=「中」に到達する)ことは不可能であろう。

ここに於いて我々は否定の概念を一変せしめねばならぬ。

否定は肯定に対立するものとしてあるが、そのような否定は相対的なものであって真の否定ではない。否定はその自性から言ってもあくまで否定であり、肯定を否定すると共に、或いはその前に、自らを否定するものでなければならぬ。大乗の否定は肯定に対立するものではなく、自己自らに反抗するものでなければならなかった。中観の立場は、生でも滅でもない、一でも異でもない、ということを論拠として中の世界を打ち立てんとするものである。しかしこの両否から、果たして「中」の存在を実証することができるか。肯定と否定とを共に相並べて否定しても、そこからして第三者を樹立することが可能であろうか。そのような第三者はヘーゲルによって受け容れられなかったし、排中律によって西欧の論理から厳しく拒斥せられた。そのことは或る意味に於いてロゴスの論理の長所でもあると云われなければならない。なぜならば肯否の両者が否定せられても、これら二者とは異なった第三者は得られないからである。それがたとい可能であるとしても、肯否の孰れでもない第三者とは果たして何であるか。それは単に両者の混合であるにすぎない。我々はこのような混合体の何であるかを実見することも理解することもできない。それ〔＝第三者〕があると言っても、ただ名のみのことであるか、論理の虚構であるかにすぎない。色の世界は白と黒の外に、白でもなく黒でもない多くの色がある。むしろその多種多様なること、驚くばかりである。たとえ我々はそれは白でも黒でもないと言っても、その色の何であるかを言うことはできない。それと同じように、それが肯定でもなく、否定でもないと言われても、然らばそれは何であるかは、断じてわからない。龍樹の中論がその鋭利な論法と鋭き考察にも拘らず、案外に著大なる功果をもたらさなかったのもこの理由によるのであると思う。彼の「中」の論理は一世を驚かした。然しその弟子たちには月称と清辨との対立があり、その流派は案外な混戦に終ったが、その理由もそこにあったかもしれない。

龍樹は大乗仏教の理論的開祖であり、人によっては西欧哲学の歴史に於けるカントの批判哲学に比肩し称揚するが、彼は余りに早く世に生れた。カントが十八世紀の人であるに比して、龍樹は三世紀頃の人であったことも考慮せられてよいであろう。また、仏教といえば大乗を主とし、その他にないように考えることも、カントに帰らずば哲学に非ずと思いこむことと同様な偏見ではないであろうか。歴史的に言っても、釈迦の教学の核心はむしろ北方インドに起った阿毘達磨にあって、龍樹は中部インド東海岸に生れた田舎者であるという人さえある。我々は大乗を必ずしも唯一の仏教とは考えず、それ以前の原始仏教や有部の宗論を忘れてはならない。むしろ大乗は仏教思想の世界に於けるインド固有のものとして理解せねばならぬとさえ思うものである。果たしてこの解釈は許さるべきであるか。

2 『金剛般若経』の論理と中観派の論理

仏教の思想は、龍樹よりも数世紀後に世に出たと思われる『金剛般若経』等によって、よりよく、またより多く理解し得られることとなった。例えば『金剛般若経』(中村・紀野訳注)、一七・dに次の如く言う、「須菩提よ、言う所の一切の法はすなわち一切の法にあらず、この故に一切の法と名づくるなり」と。また続いて言う、「『生きているもの、というのは、実は生きているものではない』と如来は言っている。それだからこそ生きているものと言われるのだ。それだから、如来は、『すべてのものには自我というものはない、凡てのものには生きているものというものはない、個体というものはない、個人というものはない。』と言われるのだ。」(一七・f)また言う、「スブーティよ、これらの世界にあるかぎりの生きものたちの、種々さまざまな心の流れを私は知っているのだ。それはなぜかというと、スブーティよ、『心の流れというのは流れではない』と如来は説かれているからだ。それだからこそ心の流れと言われるのだ。それはなぜかと言うと、スブーティよ、過去の心はとらえようがなく、未来の心はとらえようがなく、現在の心はとらえようがないからなのだ。」(一八・b)二一・bにはさらに言う、「スブーティよ、かれらは生きているものでもなければ、生きているものでないものでもない。それはなぜかというと、スブーティよ、《生きているものというものは、すべて、生きているものでないということだ》、と如来が説かれているからだ、それだからこそ生きているものと言われるのだ。」――ところがここに途方もないことが言われる。「スブーティよ、どう思うか。如来がこの上ない正しい覚りを覚ったというようなことがなにかあるだろうか。」それに対するスブーティの答えはさらに驚くべき発言であった。「師よ、そういうことはありません、如来がこの上ない正しい覚りを覚られたというようなことはなにもありません」と。師は言われた、「その通りだ、スブーティよ、そのとおりだ。微塵ほどのことがらもそこには存在しないし、認められはしないのだ。それだからこそ、この上ない正しい覚りと言われるのだ。」(二二)(40)

以上は金剛経から所々を摘記したものであるが、我々はこれについて言うべき多くのものをもっている。それらの点を次々にのべてゆきたいのであるが、先ず第一に、この論理の根本性格はどこにあるか。恐らくそれはスブーティに対して師の直接に語られたものにちがいないが、例えば龍樹派の語るところと如何に異なっているか。中観派の立場は既に一つの組織をそなえ、特有な論理の体系を展開しているが、その論法はそれだけ定型的であり特に形式的たるを免れない。然し金剛経の論理は師弟の問答であり直接にして緊密の趣きがある。中観派が不生不滅からして中を引き出さんとするのは排中律の逆転として注目に値するが、果たしてそのような対立から中の存在を論明することができるかどうか。それに対して金剛般若経の論理は「AはAでない、それ故にAはAである」という端的な論法であって直截にして鋭利を極めている。中観論は不生と不滅から第三者を打ち立てんとするが、般若の論理は、端的に存在を殺戮することによって存在を論明せんとする。AがAでありうるのはAがAでないからしてであるときめつける。まさに一刀両断によって敵を打倒する気概があるともいえよう。誠に勇ましき限りである。それは肯定と否定とを区別し、然る後にその孰れでもない第三者を樹立せんとするのではなく、いきなり相手を撃破して、自らに生きんとするものである。恐らくそれは禅にあるものにではなく、剣によって処せんとするものにさも似ている。然し、いかにして、Aはあった、しかしそれはAがないことによってのみであり得る、というのであるか。

3　般若の論理の根本性格は、存在の根拠づけの問題から把握すべきである

Aが存在するとはAがAであるからしてである。AがAと同一であることはAの存在する所以である。トマスは、存在とは在りて在るものであると定義したが、この定義が正しいのは、AがAであるから、在るものが在るものであるからであり、Aが自己同一性を保つからしてである。アリストテレスにとっては、存在とはかつてあったものの、現にあるところのものであった。それが西欧の伝統的な思想であった。然るに般若の論理は、これと真向から反対する。Aが存在するのはそれが存在でないからしてである。AがAでないからしてAはAであるという。これは全く反対の論理であり逆の主張であるからして、西欧の人々の容易に理解し得ないところであり、また常識的には、到底承服し難きテーゼであるにちがいない。しかも般若の論理はそれを直截に主張し、且つそういう考え方によって貫徹しようとする。〔たしかに、それは〕人を驚かすに足るものであるであろう。

しかしそれは少しも驚くにあたらぬ。インド人は存在、殊に自己や人間の存在を諦観して、それが如何に果敢なく、いかに無常であるかを痛感し、それに基いて存在を規定せんとした。存在はある、我々は生きている――そのことが在りて在るものの平常であるが、それが如何に果敢なく、たよりなく、苦しいものでさえあるかを痛感したのが彼らの生活であった。それは在りて在るよりも在りて無きに等しい。在りて甲斐なきものが人の世であるにすぎぬ。人と世を通して凡てが空しいものであるから、存在とは苦悶であり、人の心は煩悩に悩まされつづけている。それは在りて在るものであるよりも在りて無きに等しく、在りて在らざらんことの願わしきものである。

かつてギリシアに於いても、生れたる我にとってただ一つの願いは生まれざりしことであった、という嘆きがあったが、況んやインドに於いて、そのような愚痴に悩んだ人の如何に多かったことか。生存は在りて在るものであるよりも、むしろ無きことの願わしいものであるならば、無きことが即ち存在であらねばならぬ。生存とは何であるか。それはたとえ実存であっても無きに等しいものである。存在が無きに等しく、まさに無きものであらんことの願わしきものであるならば、存在は無であるから存在である、という結論が出てくることも不自然ではないであろう。

般若の論理は、存在は存在でないからして存在である、という一見すれば詭弁〔の如くに見えるが、詭弁〕ではなかった。ブッダはスブーティを相手にそういう空しい詭弁を弄する人ではなかった。

このことは最後に、「それ故にこれを存在と名づく」とあることによっても証せられうるであろう。私はこれにしばしば引っかかった。〔即ち、〕「AはAである。というのは、AはAでない、故にAはAである〔からである〕」という〔論理の〕結論において、「それ故にこれを存在と名づく」という表詮にでくわして、私はとまどった。このことは、単にそう名づけただけのことであるか。それはただ名づけただけであって実は存在ではないのではないか。もしそうであるならば、単に便宜のことであって、論理の問題ではない。そうならば余りにたわいもないことであって、別に驚くほどのことではなかっただろう。或る人は、これによって「即非」の論構を説明する天才的発見であると称揚しているが、恐らく行きすぎであって、それは詭弁でないことは勿論〔であるとしても、〕論理というほどのものではなかったであろう。ロゴスの論理ではないことは勿論であるが、尚そこに何らかの論理を見いだそうとするのならば、私はレンマの論理として理解すべきである、と思う。

この点については後に詳述せらるべきであるが、それに先立って私の常に遺憾と思うことを述べておく。それは、問題の立て方に於いて既に多くの人が誤っていると思うことである。存在を定義して、在りて在るものとするか、無くして在るものとするかは第二次のことであって、孰れにしても、有と無との対論に無効なる論議をつ いやすことはとるべからざることである。我々の立場は存在とその根拠との関係を明らかにせんとするところにあって徒に存在と無との概念の錯綜を解明せんとする所にはなかった。我々の立場は凡てを存在とその根拠との関係に引きつけ、よって以て存在を存在せしめる根拠を明らかにせんとするところにあって、その他の何ものでもない、それ以外にあり得ないのだ。トマスが、存在とは在りて在るものとし、般若が無によって存在を打ち立てんとするのは未だしであって、凡ての問題は存在とその根拠とにあり、その他にはない。存在は存在によって根拠づけられるのか、又は有は無によって成立するか、それが我々の問題の凡てである。存在とは何であるかは、それを根拠づけるものが何であり、それ〔＝根拠づけ〕が如何にして果されうるかということに懸っている。

この問題〔＝般若の論理の理解〕に面して我々のとりうべき立場は、専ら存在とその根拠との論明である。存在と非存在との単なる関係ではない。況んやこの間の論理的関係ではなかったのである。存在は無であるからして存在であるとは、決して般若の知慧でもなく、またその単なる論理でもなかった。我々の狙うところは存在が何によって、又は如何にして根拠づけられるか、根柢づけられ得るかということであった。トマスが、存在とは在りて在るものであると考えたことは、屢〻繰り返して述べたが、それは存在を存在に拠って基礎づけられるとするものであって、それは存在性をあらわし同一性を有するものが存在でありうることを証して、たしかに卓見ではあるが、しかしそれはややもすれば同一判断となり、単なる繰り返しに堕する。存在を根拠づけるものは非存在であり、無でなければならぬ。般若の論理によっても存在は無によって基礎づけられている。しかし無とは何であるか。それが何らかのものであるならば、有であって無ではない、無という或るものであって無ではない。無は或るものでなく、有るものでさえなかったのである。そういう何ものでもないものが果たして在るものを根拠づけ得るかどうか。

ここに於いて我々は一転せねばならぬ。我々のいう無とはロゴス的な無ではなく、レンマ的な無ということである。ロゴス的無は否定であり、それは肯定を否定するだけのものである。それを支配するものはロゴス的論理であって、その外の、又はそれ以上の何ものでもない。しかしレンマ的無は肯定を否定すると共に同時に否定をも否定するものである。それは、単に二重の否定であるというだけでは、不足である。否定を否定することによって肯定となるというのは論理としては〔余りにも〕形式的であり、数学としては余りに単純であり、現実にとって余りに安易である。それは相対的否定でなくして絶対的否定であると言われたが、何故にそう〔＝絶対的〕であるのか。それは「故意」であって、古くはあるが何となくわざとらしい。それは故事であっても何だか余りに古くさい。我々は大死一番(これも何となく黴くさいが)新しい意味を見出し、そして何かを言わなければならない。

六　無をレンマ的無として徹底する試み

1　存在の根拠たる無は、ものでなくことである

存在を根拠づけるものは存在ではなく、却って存在に非ざるものである。存在の存在たる所以を形づくるものは、存在ではなく、却って存在でないものであるが、しかし存在でないものは存在しないものであり、それ故に無でなければならない。そしてそれが無であるとは、何ものでもなく、どこにもないものである。但し、ものといえばどこかにあるべきであるが、そうでないからして、それは何ものでもない。しかしそういう無が如何にして有を基礎づけることができるか。もしそれが可能であるならば、世にこれほど不思議なことはないであろう。ところが般若の知慧は我々にそれを教える。それは決して論理ではない。況んや逆説でも奇語でもない、却って正しい知見であるであろう。

無は決してものではなく、ことでなくてはならぬ。無きものはまさに在らざるものであるが、無きことはその無きことの故にあるものであった。ものをして物たらしめるのは再びものであり得ないが、ことは「もの」をして物たらしめるのみでなく(41)、ものをして或るものたらしめ、更に物たらしめる。「こと」が「もの」を根拠づけるのはその故であった。在ることが在るものを規定し、無きことが無きものを決定する。決してその逆ではなかった。

2　般若の知慧は、否定(又は無)が肯定(又は有)を根拠づけるレンマの論理である

しからば有ることと無きこととを区別するのは果して何であるか。それ〔＝この区別の原理〕は肯定に対する否定であり否定に対する肯定である。そして凡てのものについて肯否を区別することがロゴスの論理であるが、しかし或るものを在ると定めるよりも、それが無いということの方がむつかしい。否定が二重の判断であると言わ

れるのもこの理由からしてであろう。それは一旦は肯定され、更にその上に否定を加えられたものであり、単なるUrteilen(判断)ではなく、Beurteilung(価値判断)である、とも言われる。

般若の知慧は、それとは逆に、否定判断によって肯定判断を成立せしめんとする。不生不滅からしてその孰れでもない存在を証明せんとする。しかしそういう世界はどこにあるか。どこにもないということがその存在の唯一の存在の仕方であるより外になかった。してみると、存在しないということが即ち、それの存在することとならざるを得ない。これは明らかにパラドクスではないか。しかし般若の知慧はまさにそれを主張せんとするものである。Aは A であるというのはAがAでないからしてである。ロゴスの論理は、AがAであるからしてAが存在するという。AがAであるということがAの存在を証明する。それが在りて在るものであり、Aの存在であった。しかし般若的立場はAはAでないからしてAであると言わんとするのである。これは明らかに矛盾した主張ではないか。しかしこれを矛盾と見るのはロゴスの立場であって般若の知慧ではなかった。般若の立場では、ないということが在ることとの根拠となっており、それ(=根拠)のないことがまさにそれ(=存在)をして存在せしめているからである。否定は単に肯定に反するものでなく、却ってそれによって肯定が成立しうるものであるからである。それは、無いということが却って有の根拠となる、ということである。無いものが有るというのは矛盾であるが、無によって有があるというのは矛盾ではない。Aは無であるからしてAは存在する、とは、ロゴス的に無と有とが同一であるということではなく、無が有の根拠となり有が無によって初めて有たりうる、ということである。そしてまさにこのことが、レンマの論理をロゴスのそれから明別せしめる所以であるのみでなく、レンマの立場を一つの論理として成立せしめる所以のものでもあった。

3　レンマの論理の構造——両否と両是

レンマは人間の考え方の第三の立場をなすのみでなく、恐らくはその中軸をなし明らかにその根柢をなす。西欧の論理は肯定と否定との二つから成立するが、レンマの論理は四つのものから構成されている。その第三に位するものが即ち肯定でも否定でもないという立場である。それは肯否を共に否定するから、相対的否定でなく絶対的否定でなければならない。それ（＝絶対的否定）は有でなく無でなければならなかった。すなわち、この無は肯定に対する否定ではなく、肯定のみでなく否定をも同時に否定するものであった。他者を否定するのみでなく、自己自らをも同時に否定するものでなければならなかった。それは両否であるが故に、単なる否定でなく、却って肯定となる。その肯定は単なる肯定ではなく、同時に否定とならざるを得ない。絶対とはまさにこのことであって、ただ相対を絶することではない。また両者を超越し、それらを含むものというのも当らない。そういう言い方はこの論理の性格を曖昧にし、且つ無意味にする。包越とはただ空ろなる説明であるにすぎない。何ら実質を貫くものでなく、また論理を貫徹するものではない。

第三のレンマは以上のようであるからして、単なる否定でなく、否定をも否定した肯定《〔ママ〕》でなければならない。無いということが有ることの根拠となりうるのもこの理由からであった。AはAでないからAであるということも、この立場に於いてのみ言われ且つ理解せられうるのである。

第三のレンマから第四のそれが出て来るのも、専らこの理由によってであった。それはAでも非Aでもないから、即時にAでも非Aでもありうる。この関係はまさに即時にであり、即刻に於いてである。それ故にそれは即の論理と言われる。それ〔＝両否と両是とが一であること〕は「同様」でないことは勿論、「同一」でさえない。即一でなければならぬ。そしてそのことの可能なるは第三のレンマが非の否定であるからしてであることも、余りに明白であろう。即非の論理といわれるのもそれであるからしてであった。それは可能性が現実性になるということではない。両者が端的に即一であるから即非と言うのである。しかも、即一にして混沌たるものではない。明瞭にして一なるものであり、同にして一なるものでなく、(42) 一にして同なるものである。しかもこの一は、単一にして孤なるものではなく、その中に、又はそれ自らにして、肯定であり否定でもあるものである。

4　無はレンマ的無として、ロゴス的論理を根拠づける「こと」である

それはたしかに無であった。しかしそれ自らをも否定する限りに於いて、それは無ではなく有であらねばならない。正しく言えば、それは肯否孰れでもないからしてその孰れでもあるものであった。それは肯否の孰れでもない、というだけの中なるものではなく、その孰れでもあるからして一般に存在の根拠でありうるものである。しかしそれは有でなく、どこまでも無でなければならなかった。なぜならそれが有であれば無をうけつけることはできない。有は無と互に相容れないからである。しかしそれは無であるからして、まさにその故に有をもうけつける。無は、そもそも無いものであるからして無い、ということを自らの本性とするからである。とはいっても、それは無という有ではない。苟しくも有である限りに於いて無ではないからである。無はそれ自らをも否定するところに無性があるから、それの本性は無でなければならぬ。そして無が有の根拠でありうるのは、実にこの本性によってであったのである。要するに、レンマ的無はロゴス的有無を超越して、それらを共にその中に成

立せしめるのである。ロゴス的有無はレンマ的無の中に、又はそれに拠ってのみ成り立つ。レンマ的無はその故にロゴス的論理の根柢にある。それと対立するものでなく、却ってそれらを成立せしめる根拠となるわけである。それ故に我々が意図するのは、第一に、存在と非存在との関係を、ロゴス的論理に於いてのように肯否の対立として主張することではなく、それらの成立を問わんとすることであり、第二にこの関係をもの(物)としてではなく、事として処理せんとすることである。レンマ的無は断じてものではなかった。それがあるというのは物としてではなく、事としてであった。若しそれが「もの」としてあるならば如何にして無といえよう。物として有るならば、必ず有であって無ではあり得ない。さらに、ものとしての無が如何にして有の根柢となりうるのであろう。我々の立場は物と物との関係をではなく、ものとその根拠との関係を見る。そう見るより外の、他の見方では断じてあり得ない。レンマ的無は絶対的な物ではなく、絶対的なことでなければならない。

5　具体的な個物と領域的な無的一般者とは「もの」と「こと」との関係に立つ

物は色によって区別せられる。種々なる物は色であった。諸々のものが種々なるものであるのは色々であるが為にであった。しかし色々のものは白と黒とを限界領域(Region)とする。黒は色の濃縮の、白は色の稀薄の限界として、共に色ではない。それら(=黒と白)はその限りに於いて色々な色ではなく、色の無である。しかも凡ての色はこの無の領域内に於いて成立する。どこにも色そのものはなく、存在するものは赤であり黄であり紫である。しかもこれらの物々が色としてのみ存在し、しかも具体的にいろいろの物として存在するのは、色を根拠としているからである。音の世界も又、その如くであろう。個々の色は明らかに物であるが白はもはや色でない。

色のないことである。しかもこのことによってのみ赤は赤であり緑は緑でありうるのである。

個物と一般者とは決して物と物との関係ではない。物とものとの関係でさえなかった。ものとこととの関係でなければならなかった。

事は物の如く具体的に存在するものではない。むしろ無でなければならなかった。しかし、ことはそれ故に無きものではない。無きことでなければならない。無を求めて人は何処にそれを得るのであるか。それが容易に得られるものであるならば無でない筈である。無は無きものではなく無きことである。しかもこのことによって、在るものと無きものとが区別せられ、そして求め得られるのである。ロゴス的無はなきものであるが、レンマのそれは、無きことであって[43]しかもあることである。それがあることによってロゴスは存在するものとなって、色々な物となるのである。現実の存在は種々なる物である。それは何らかの種から生起するが、色々なものは色の領域に由って存在する。様々とはこの形態の諸相を表詮するものに外ならなかった。

6　絶対的自己同一性とはそれ自身の存在の中に根拠を有することであって、レンマ的存在的にのみ、矛盾でありうる

以上のように我々が考えるのは、所謂「領域的存在学」(regionale Ontologie)の立場に立つからであって、ロゴス的論理の思弁に基づいてのことではなかった。それはヘーゲルの哲学のように、テーシスとアンチテーシスとの論理から来るものではない。両者(=定立と反定立)の矛盾の同一性からする立場ではなかった。矛盾の自己同一性といっても、何と何とが矛盾するのであるか。存在と存在との関係からしては矛盾は生じない。二つのもの

が矛盾するというのは、少なくとも論理以後の関係である。それ〔＝矛盾〕はロゴスの論理のなせる仕業であって、存在自身の与り知らぬところである。ものはただそこに事物として存在するのみであって、何に因ってあるか、何に依ってあるか、を知らぬ。何に由ってあるかをさえ知らぬ。由って来るところを知ることが存在の自己同一性をもたらすものであるのに、事物それ自らはその同一性をさえ知らぬ。そういったものが如何にして自己の同一性をかちとることができるか。況んや絶対的同一性を具備することが可能であるのか。事物は凡て自己と他個〔ママ〕(44)との関係から生じ、その〔＝事物の〕存在性はそれに因って、又はそれに依ってあるのであり、その限りに於いて自己同一性とは他との関係である。

有るものとは在りて在るものであるといって、これらが同一性を得るのは果たして何によってであるか。絶対的自己同一性とは、他己との関係によってではなく、自己自らの存在性に基づいて、同一性を得ることでなければならぬ。存在の根拠は何よりも自己の存在の根柢になければならない。自己の根拠はそれ自らの中にあって、決して他によるものではない。それは自己が自己であるという同一性であり、自己が在るという絶対性である。しかしそれは必ず矛盾性でなければならぬのであるか。それはそうであっても、その矛盾は決してロゴス的なものではない。レンマ的矛盾でなくてはならぬ。この二つの矛盾性を混同し乱用したために、如何ほど存在の論理が不純なものとなり苦悩多きものに堕したことか。ヘーゲルの矛盾性は論理的(ロゴスの論理性)であったが、我々の言う矛盾性はどこまでも存在的でなければならぬ。無ということが同時に有ということである。肯定が否定されるのみでなく、否定も否定されてなお何ものかとして在るということである。否定が肯定に対立するというのはロゴスの論理であった。レンマの立場に於いては否定はさらに否定されて、なお何ものかとしてある。それは単なる無ではなくして、無を無化するものであらねばならなかった。

7　「場所的無」の「場所」はレンマ的意味での矛盾である

それは又、ロゴス的無でなくして場所的無であると言われる。しかし場所とは何であるか。場所とは第一に座（ἕδρα）であり、我々が外から帰って坐る場所である。そこに坐れば大臣らしく見える椅子の座席である。第二はトポス（τόπος）であり、これから派生したトピカは話題であり議題となる。アリストテレスの『トピカ』はそれについての研究であった。第三はコーラ（χώρα）であり、これはプラトンの愛用した空間概念である。元来は副詞 χωρίς から転化した名詞であるが、それ（＝感覚界）から引き離されそれを超越した空間を意味し、イデアの世界のあるべき空間である。それが如何なるものであるかは難解であるが、それが場所的論理と名づけられる以上単なるロゴス的なものでないことは明らかである。

存在は概念でなく、どこかにあるものでなければならぬ。在るとは、何かに於いてあることでなければならぬ。於いてあるものは必ずしも依ってあるものではない。在るとは何かに於いてあるべきであり、場所は、まさに在ることの根拠をなすものと言い得よう。しかし場所はものではなく、何ものでもない。もしそれが或るものであるならば在るものの根拠となることはできない。それはそれ自ら空でなければならぬ。空であることによってのみ、ものをそれに於いて存在せしめ得るからである。しかしそれと共に、それは空としてそこにあらねばならぬ。さもなければ、それに於いて、ものを存在せしめることはできない筈であろう。空は無であり、しかしそうしたものとして有るものでなければならぬ。空は存在でもなく無でもないからして、恰もその故に存在でもあり非存在でもあると言うべきである。空はそれ自らとして何ものでもないが故に、恰もその故に凡てのものをそれに於いて存在せしめうるのである。それは無にして同時に有なるものである。それは矛盾であるが、ロゴス的矛盾ではなく、レンマ的な絶対矛盾であると言われるのもその故であったであろう。

金剛経に、まさに住することなくして自らその心を生ずとある。住するとは、ある場所に住すること、場所に於いてあることである。住しないことは場所を離れて空となることである。場所に於いてあることは却ってそれに執することであり、煩悩の所由となる。仏心は場所から離れなければならない。しかしそれは場所を超越してしかも場所の中にある。それがコーラであった。

座席は一人が占有すれば他は住することができない。それを敢えてせんとすれば闘争がおこる。矛盾とはそれであった。しかし戦いの戦われるのも一つの場所であった。矛盾すらそれのあるところを、即ち空を、要するのである。場所とは点又は形でなく、これらをそれに於いて成立せしめる空でなければならない。心と心とを争わしめるものは空間であった。しかしこれらをつなぐものは空であらねばならぬ。地上狭しとして天空に飛ばんとしてある所のものは依然として飛鳥(45)である以外に何であろうか。

後篇　即非の論理

一　般若思想から即非の論理へ

1　般若の体系はレンマの論理に基いており、非存在を存在の根拠として見いだす

般若の思想は仏教のアルファであり、オーメガでもある。殊に金剛般若経の中心教説はそれらアルファからオーメガまでを貫いて今に至っても我々を啓発してやまない。しかしその思想の構格と論理は何にあるか、それを如何に理解し何をそこからして透徹すべきかは、現代人の責務として残されている。

先ず論理の上から形式的にいえば、般若の体系はレンマの論理に出発する。AがAであるのはAがAでないからしてであるという。それは明らかにロゴスの立場ではなかった。存在とは、アリストテレスやトマスに於いてのように在りて在るものではなく、般若の体系では却って無くして在るものである。ロゴスの論理からいえば存在は存在から生じ、決して無からは生じない。存在が存在であるということが存在の原理であり、Aの同一性が即ちAの存在性であった。無から有が生じないということが自然科学の鉄則でなければならなかった。しかし、ロゴスの立場では存在は非存在から生じないということが如何に明確であっても、我々は尚それ〔＝般若の論理〕を単なるディレンマとして放棄することができない。我々の言わんとするところは存在が無を原因とするということにではなく、存在は無に於いて生ずるということにある。非存在から存在が生ずるという因果関係にではなく、無が有の根拠となるということにある。存在のグルントは再び存在にあるのではなく、非存在が存在の根柢

をなす、ということにある。存在は、単に浮遊するものでなく、そのものとして確固たる根拠をもち、現にそこに有るものでなければならない。この根拠をなすものは何であるか。それが原因から生ずることが如何に明確であっても、なお我々はそのものの由って来るところを(依ってあるものをではなく、由ってあるところを)見極めんとする。於いてあるものは場所であるが、単にそれのみでなく由ってあるものは由って来るところのものであり、それはよって存在する理由をもたねばならぬ。それは「故」の論理であり、むしろ時局的なるものでなければならぬ。「故事」とは単に過去の事柄でなく、よってもって現実の来歴するところのものでなければならない。

般若の思想の基本は先ず現実存在の「相非相」を見るところにある。相は遂に非相であった。人間の生涯も花の美しさも暫くにして衰滅して行く。凡ては無常であり、あらゆるものは非情[46]である。仙厓義梵の遺偈に「来時来処を知り、去時去処を知る——雲深く処を知らず」とある。時は現実として時熟するが、それによってのみ由って来るところを知る。来所を知らせるものは来時であり、去処を知らせるものも去時であるが、雲深くして処を知らず、懸崖に手を撤することもしなかった仙厓であった。彼の生涯は「生るるを死ぬる始めと、我はしる、始めある身の終らましやは」という一首に納まっている。無相は万物の相であった。これを観ることによって万物は真相を得て存在の相となる。般若の原理はそれ故にAはAでない、それ故にAはAであるということである。

しかしロゴスの論理から言えば、これほど不合理であるものはない。それは殆んど論理を破壊するか、又はこれを無視するものであって、到底許すべからざるものである。しかるにこれを一挙にして覆さんとするのが般若の論理であると言うならば、果たして如何であろう。存在の論理では、Aは、AがAであることによってAであり、決してその逆ではあり得ない。Aが存在するのはAがAであることによってであって、決してAならざるものからAがあることではあり得ない。有は決して無からは生じ得ない。AはAから生ずるか、又はAによって存在するかの孰れかでなければならぬ。ところがAの存在の根拠が却って無にあるといえば、これほど不可解なことはないであろう。にも拘らず、般若の真理は明らかに相の無相を根拠とするから、この論理は明らかにロゴス的ではない。しかしそれだからと言って、非論理的であるとは断言できぬ。ロゴスの論理が必ずしも唯一の論理ではないことは西欧が唯一の世界でないことと同様であろう。

2　般若の思想はレンマの論理にまで深化すべきである。実証

般若の論理は次の如くである。(中村・紀野訳注、岩波文庫版)――

「『生きているものと言うのは、実は生きているものではない』と如来は言っている。それだからこそ生きているものと言われるのだ」(一七・f)。また羅什の漢訳には、「仏説般若波羅蜜、即非般若波羅蜜、是名般若波羅蜜」「諸微塵如来説非微塵、是名微塵」(一三章)[47]、「荘厳仏国土者即非荘厳、是名荘厳」(第一〇章)[48]、「如来所説身即非身」(第五章)[49]、「如来説一切諸相即是非相」(第一四章)[50]とある。――

これらは凡て逆説でありディレンマである。鈴木大拙氏はそれを英訳して、Being is Being, because Being is not Being. A is A, because A is not A (or is Not-A). とせられたが、私はこの because という英語にこだわる。なぜなら because は cause から由来した語であり、もともと「原因」の意味が強く残留しているからである。それかあらぬか鈴木氏はまた他の所で therefore とも訳されており、私はこの方がより適当であると思う。英語として because と therefore との間にどういう意味の差があるかよく知らぬが、前者は「因って」の意味である。

それに対しthereforeは、「それ故に」の意味ではあっても、場所的なものを意味し、存在と非存在との二者が一つの場所に於いてつながることを意味するものと考えられねばならない。般若の思想において存在と非存在とが同一視せられるのは決して論理的にではなく、むしろ場所的に近接しているからである。それは直観的に同様であっても論理的に同一ではなかった。存在することは決して存在しないことを原因とするのではなく、存在と非存在とが直観的に近接しているところから両者が結合するのである。論理的にいえば存在と非存在とは同一である筈はなく、また存在が非存在を原因とすることも不可能である筈である。しかるに物が存在するのは、そのようにそれの存在しないことが、更には存在は非存在だということが、明らかに論理的には言い得ないことであるにも拘らず、直観的には言い得るからである。

さらにもう一つ私の疑問とすることは、それ故にそれを存在と名づくという表現である。これは私の最も気にかかることであって、何故に、存在は存在しない、相は無相であることを主張しながら、これを存在と名づけるのであるか。それにも拘らず、それが尚存在と呼ばれるのはただ名義上のことであるか。折角新しい論理によって存在が打ち建てられても、それがただそう名づけられるだけならば何の役にも立たない。それが実際にそう在るのではなく、ただそう言うだけのことであるとすれば、これほど莫迦莫迦しいことはないであろう。存在が非相によって証明せられても、その結果としての存在がたんなる名(唯名)であるならば、何の実智をも齎らさないであろう。無相の相を相として新しい存在が見出されても、それは真実の存在ではなく、ただ名にすぎぬものとして存在することを許されるだけなのであろうか。それが私の気にかかる最大の点である。

般若の論理は極めて透徹し、且つ切実に実相を明説して遺憾はない。白隠はこの「相非相」を相とする痛烈な立場を展開せんとした。現代の禅学者はこれを一つの新しい論理として建設せんとさえしている。しかし私をして曰わしむるならば、これは釈迦の自内証の第一歩であって、必ずしも論理といわるべきものではないであろう。諸法無常なるが故に存在が無であるというのは存在を無に転ずることであって、存在を無によって基礎づけんとすることと同一ではない。存在が無に転ずる、という理由からして、有が無から生ずる、というは論外[51]であり、有が非相であることは存在が無となることでないことは無論である。たとえ諸相が非相であってもこれを相とする限り、我々は他に諸相を認めることはできない。たとえ生きているものは実は生きているものではないとわかっても、諸相としては、生きているものではないということが、まさにその相であらねばならない。このことがやがて、存在がそう(＝非相であると)いわれるのは、存在がそのようなものとして在るということであり、そう言われ、そう名づけられる、ということである。名づけるとはただそう言うだけ、ということであって、果たしてそれが存在を表詮するか否かはたしかではない。名は体を表わすというが、命名と実体とはもとより同一ではない。存在が非相であると言いながら、それ故にそれが存在であるというのは幼稚なる命名であるか、又は論理的な過誤であるにすぎない。我々はそうは言えない。たとえそれが非相であっても、かくの如く名づけられ表詮せられる以上は存在の一つの相でなければならない。非相によって相を相とすることは存在にとって迷惑であるばかりか、許すべからざるディレンマであるといわねばならぬ。

また、この金剛経一七・fの末尾では、如来は「すべてのものには自我というものはない。すべてのものには生きているものというものはない。個体というものはない。個人というものはない」と明言された、とあるが、このことは我々にとって耐えきれないことである。現に生きているのは個人であり個体である。それらが凡て否定されるならば、どこに存在というものがあるか。

現代人の求めるものは個人であり個体であり、ライプニッツの「単子」でさえある。これらを尽く否定して存在は果たして何であるか。諸相を凡て非相とすることによって個体は如何にして救われ得るといえるか。個体を捨離することが即ち存在を定義する所以であるか。非相なるが故に存在は果たして存在としてありうるのであるか。それが存在であるといわれるのはただそう名づけられたが故にであったか。

我々はここに於いて諸相から存在にうつるとき、一転して他の途をとらねばならぬ。それは次の如くである。金剛経二一・bに次の如くのべられている。「スブーティよ、かれらは生きているものでもなければ、生きているものでないものでもない。それはなぜかというと、スブーティよ、『生きているものというものは凡て生きているものではないということだ』と如来が説かれているからだ。それだからこそ生きているものと言われるのだ。」

この論説はこれまでのべたものといささか異なる。如来の教説は生きているものは凡て生きているものではないから生きているといわれるとあったが、茲に初めて、生きているとは生きていないという非相〔だけ〕を根拠とするものではなく、生きていないというものでもないということをも論拠としている、人間が生きているというのは、生きていないとともに生きていないものでもないということを論拠としているという。

ここでは否定が二重となっている。即ち、生きていることを否定すると共に、このこと自らをも否定している。それは肯定を否定すると共に否定を否定することによって存在を規定せんとしているのである。これは我々の言うレンマの否定であって、ロゴスの否定ではなかった。人間の生存が無常という否定によって定義せられるのではなく、無常という非相をさらに否定することによって人間の生存を規定せんとしているのである。そう考えてくるとこの短い言葉も我々にとって重大な意味をもってくる。[52] ここに初めてレンマ的論理が顔をのぞかせているからである。

我々が単なる即非の論理に満足し得ないで、さらにその根拠にレンマの論理がなければならぬと強く主張するのも、実はこの点からであり、「無の論理」に一つの変革をもたらしたいと思うのもその故であった。

3　即非の論理を変革する試み――(一)「即」の意味

この点からして少しく即非の論理を吟味しておこう。漢語に訳された「即」はインドの原語では eva であり、もともと「実は」というほどの副詞であり、二つの異なったものの結合を表わすものであるが、その結合(copula)が性急であり然も意外なほど緊密であることを言う。我国では「スナワチ」と訓し、「とりもなおさず」とも解釈せられる。これは一見何の関係もなく見える二つのものが意外に同じであり同様であること、しかもこれらは結びつくことに於いて即刻であり端的なることをいう。たとえば、存在と非存在とは互いに異なるのみでなく相反するものでさえあるが、案外にこれらが直接に同一視されるならば、「即ち」ということになる。「とりも直さず」とはそこに何の面倒もなくスムーズにゆくことをいうのであろう。

般若の論理に於いては、Aは非AであるからAであるという一見逆説的なものが不都合もなく通用するが、この論理が「即非」と名づけられるのは何の故であるか。先ず「即」とは何を意味するか。それは即くと読まれて結合をあらわす。その結合は端的であり直観的であるからしてその関係を証明するのに何ものも要しない。中国では、「即」は「炊き立ての白米を食う」ことであるという。飢えたる人間にとって、この食卓につくほど性急なことはない。そこに何らの思案も分弁もないほどせかせかと急ぐ。即非とは互いに非なるものが却ってその故に端的に結合することである。そこに何らの思弁も弁証をも要せぬ。この操作は決してディアレクティクではなかった。男性が異性を追求することに於いても又然りである。日常に於いては、即におけるこの結合はさほどに性急ではないが、一般に何かが何かに接続することをそれは意味している。例えば「即位」とは位につくことである。然し「即刻」とは時を隔てずしてかけ寄ることである。「即物」とは思慮を絶って物につくことである。この状況を「とりもなおさず」と表現せられた。

4　即非の論理を変革する試み——(二)「非」の意味

般若の立場に於いて、存在と非存在とはこの意味に於いて端的に接合する。非が単なる存在をでなく、「是非」として勝れて価値的なるものをも意味することはこの点に於いて重大であるが、それは暫く措く。非は単なる悪でなく、たとえ悪であるにしてもそれは何らかのものである以上に或るものではなく[53]、況んや在るものであってはならぬ。非は非存在でなく、存在に対する何ものかでなければならない。非と同様なる体制をもつものとして否と不とがあり、否は恐らく不を口にしたものにすぎないが、不と非とは大いに趣きを異にしている。不は動詞として凡ゆることと凡ゆるものとを否定するものであるが、非は必ずしもそうではあるまい。不人情は忌みきらわれるが、非人情は必ずしもそうではないであろう。非人情の旅には限りなき情趣があり詩心がただよう。不は否定であり肯定に反するものであるが、非は否定であると共に肯定をふくむ。それが単なる否定でなく否定をも否定するものであり、明らかにロゴスの否定でなくレンマのそれであることは、容易に洞察せられ得るであろう。

まことに「非」のこの否定は啻に肯定を否定するのみでなく、否定をさらに否定するものであった。我々がレンマの論理をロゴスのそれから明別して樹立せんとするのはこの志図に出づ。第三のレンマは他を否定するに留まらず、自己自らをも否定する。そこに否定が徹底し、相対的否定でなくして絶対的否定たる所以のものがある。それは浅はかなる「否定の否定は肯定に帰る」という如き数学の原則ではなかった。絶対無に達する途はまさにこの途であり、その外にはあり得ぬこと、三思しなければならない。

5 結論。「即非」の論理は、第三レンマから第四レンマへの根本転換としてのみなりたつ

さらに論歩を進めよう。非が無として存在の根柢にあることは、ただそれのみでは何の意味もなく何の効用もない。若しそれだけならば、非は無として何処に根拠性をもちうるか。

第三レンマの根拠性は決してそのような浅底には留まらなかった。その無が非としてあるのは、無が非に於いてあるのみでなく有をもふくむからしてである。第三のレンマは無であると共に有であった。なぜならそれは否定であると共に、それをも否定するものであったからである。他を否定すると共に、その否定をさらに否定するものであるべきであったからである。第三のレンマから第四のレンマに転ずる(転じ得る、転ずべき)理由と根拠も実にこの点にあったからである。レンマの論理に於いて第三の両否からして第四の両是に転ずるのは、偏えに第三の無が絶対的であるからしてであった。それは肯定でも否定でもないからして、第四に肯定でも否定でもあり得るのである。あり得るのみでなく、有るべきであったのである。そして「即」の論理が全面的に働くのもこの場面に於いてであって、断じて他のいずこでもあるべからざることであったのである。何故に第三のレンマか

ら第四に移りうるか、この理由はこれより外にはないと思う。それは第三が肯定でも否定でもないからして、まさにその理由から否定でも肯定でもあり得るのである。そしてこの転換こそはまさに「即」の論理と呼ばるべく、まさにそう呼称して差支えないものである。これは決してヘーゲルの弁証法的転換では断じてない。ヘーゲルのディアレクティークは「媒介」を要したが、レンマの転移には何らかの弁証法を必要としない。それは「即」であり即時であり即刻であった。

二　西田哲学の根本概念の批判的吟味と補完

1　西田哲学の弁証法の中心思想は、「対応」「対立」にあり、「矛盾」にはない

ヘーゲルではテーシスとアンチ・テーシスとの駁撃(54)があり、彼はこれを埋めるために「中」(Mitte)を「媒介」(Vermitteluug)に転じ、さらにこの媒介をロゴス的なものとすることによって偉大なる体系を構築せんとした。しかしその外観の雄大さに拘らず、その実質は言わば木造であり、鉄筋ではなかったとも言えよう。その雄大さはマルクスによって修築せられたが、弁証法は論理としてはヘーゲルに於いて既に朽ち始めている。弁証法に非ずんば哲学でないというのは、平氏に非ずんば人間でないと高言するほどのものではないか。西田哲学もその立場の絶対性を「矛盾」にのみ基礎づけようとするのは我々の疑問とするところである。弁証法とは何といっても「矛盾律の論理」の逆転である。その他のディアレクティークは(例えばプラトンの弁証法も)正当なるその名に

値しないものと思う。師寸心先生は、自己の立場が弁証法であると若き日より言われたのではなかった。それは晩年の思想に属すると言ってしまえばそれまでのことであるが、それにしても矛盾が弁証法の中心を占むることはヘーゲルの哲学に於いてのことではあっても、西田哲学の性格を形成するものではない。寧ろ「対立」がその位置を占めていることは、晩年の論文、殊に「場所の論理と宗教的世界観」に於いて、「対応」の論理が主となっていることによっても明察せられ得るであろう。ヘーゲルの弁証法は「矛盾」を土台とするに反し、西田哲学のそれは「対応」を中心思想となしている。この点においてヘーゲルと西田との「弁証法」の把握は決して同一ではない。弁証法をヘーゲルの意味にとれば西田哲学はディアレクティークとは名づけ得ぬであろう。しかも寸心先生は何故に自己の立場を弁証法と規定せられんとするのであるか。西田哲学はその最初の階段に於いては「純粋経験」であり、最後の立場としては弁証法であったとすれば、この二つの立場の関係は果して如何あるべきであるか。前者より後者に発展したとしても、その理路は果たして如何であるか。

ヘーゲルに於いては発展の径路は専ら論理的なるものにあり、正が反に転ずるのも偏えに「矛盾」の論理にあったが、西田哲学はこれとは全く路線を別にするものであり、単なるロゴスの論理ではなく「対応」の論理であった。そしてさらに対応は対立の論理に展開したのである。ディアレクティークの発展の根柢は単に「矛盾」の論理にのみあるのでなく、むしろ「対立」(oppositio)にあるべきことは重大である。弁証法の路線は矛盾と対立と差異の三路を蔵し、しかも就中「対立」がその中枢をなすことは重視せられねばならない。矛盾の関係は相殺的であり、正が立てば反は同時に成立しないが、「対立」に於いてはこの両者が共にある。この両立性があってこそ、対立も対応も初めて可能となりうるからである。例えば肯定と否定とは同時に両立しないが、男性と女性とは両立することによってのみ対立し得る。対立することは反逆することでなく、却って相扶け合う関係でなければならない。存在は「対立」を両極としてその間に種々なる個物を成立せしめる。例えば色には白と黒とを両極として、その中に、又はその間に、赤・緑・紫等のいろいろな色が存在することと一般である。それは個の存在であり実存の具体的形態であった。様々な色は白と黒とを限界とする領域に於いて存在するものであるが、この領域を形成するのは「対立」であって「矛盾」ではなかった。

2　西田の「対応」はレンマ的論理に属し、「矛盾」のロゴス性とは峻別すべきである

西田哲学の「純粋経験」は主客未分であり、どこまでも直接な経験であるが、晩年の「対応」の哲学は果たしてそうであり得るか。未分の所には対立はない。対立のない所に如何にして「対応」があり得るか。殊にこの対応は逆対応であるという。そして逆対応をなす原理は「矛盾」であるという。この「逆対応性」は果たしてどこから来たものであるか。それは勿論「矛盾性」から由来することは明白であるが、但しこの矛盾がロゴスのそれであるか又はレンマのそれであるかは、西田哲学において容易に判明せぬ点である。この矛盾性がヘーゲル的であるならば専らロゴス的であるが、西田哲学のそれは恐らくそうではあるまい。もしそうであるならば、それはヘーゲル的であっても西田哲学的ではあり得ぬことは明白であるからである。

さらに一歩をすすむれば、西田哲学の矛盾性は何故に絶対的であるか。その絶対性は果たしてどこから由来するのであるか。西田哲学は「絶対矛盾の自己同一性」という。この絶対性は何を意味するのであるか。もし存在が「対応的」であるならば、主客の関係は相対的でなければならぬ。相対的であればこそ相応的であり得るから

である。相応を説きながら、尚も絶対的であることは果たして可能であるか。対応は逆対応的であっても宜しい。ただそれが絶対的であるためには――逆対応が絶対的であるためには、又一つの新しき根拠を要しはしないか。晩年の西田哲学はいよいよ宗教的であるが故に、これらの関係は益々深刻とならざるを得ないであろう。対応は単に個と個の間に於いてのみでなく、個と全との対応としても取り扱わるべきことは勿論であるが、それにしても対応とは抑々対立であり、なかんずく具体的なる対蹠であって、決して単なる「相応」関係ではあるまい。主客の区別をさえ絶する純粋経験が如何にして対応の問題にまでもちこまれたのであるか。対応とはとにかく対立である。とすれば、その関係は相対的であって絶対的ではない筈であるが、それを可能ならしむるべき体制は果していずくにあるか。この問題を解決すべき地盤が弁証法にあることは大凡正しく理解し得られるが、しかし重大なことはその弁証法的論理が如何なる性格を有するか、有すべきかという点である。もしそれが「矛盾」を骨格とするものであるならば、それはヘーゲルの哲学に属していても、遽かに西田哲学に属すべきではなかろう。しかもヘーゲルの矛盾性はロゴスの論理の系譜に属すべきであって、決してレンマ的なるものではない。他のことについては或いは誤った理解があるかもしれないが、このことだけは断じて誤っていないと信じて差支えない。しなぜなら西田哲学の立場はヘーゲル的ではなく、明らかにレンマ的であり或いはあるべきであるからである。しかるに西田哲学は依然として矛盾の自己同一性を弁証法の主軸とするように見えるが、これは果たしてどういうことであるか。(55)

3　レンマ的否定の構造。無が有の根拠である、ということの意味

矛盾的対立では、Aと共に(Aと同時に)非Aは成立しない、つまり、それはAであって同時にAでないことをば許容しない。然るに、レンマの立場はAであると共にAでないことに一つの意味と存在性を認めるものである。ロゴス的論理はAと非Aとを同時には許容しないが、レンマに於いては否定がまた否定せられて一つの或るものとなる。否定はここに於いて一つの独自な意義を有すると共に、むしろそれによってのみレンマ的否定たる所以を発揮するのである。矛盾の論理は闘争の原理であり、そこにおいては人と人との関係は homo homini lupus であるが、レンマの否定はむしろ否定を更に否定するものであり、それによって否定の中にさらに新しい否定を作出するものである。言わば前者は抗争の原理であり、後者は和解の理由であって、否定が新たに、又は真に、肯定となりうる途である。

ロゴスの論理は肯定すると共にそれ以外を否定する。肯定であるか否定であるかを裁断する。しかしレンマの否定はそうした否定をさらに否定する。それは否定であると共に否定ではない。それは、それ故に否定であると共に肯定である。その肯定たるや、もはや再びもとの肯定ではない。それは否定でありながら、更にそれ自らを否定するが故に、否定であると共に肯定でなければならぬ。即ち相対的否定ではなく、絶対的否定でなければならぬ。それ(＝レンマの否定)はそれ故に否定でもあり肯定でもなければならなかった。ロゴスの論理では肯定か否定かの孰れかであるが、レンマの否定は否定であると共に肯定である。絶対とはその意味で肯否を超越するが、超越とか包越とかいうことほど空疎なものはない。レンマの無が肯否の二者であり得るのは、それが肯定でも否

定でもないからしてであって、第三者があって肯否をその中に含む、というようなことではない。それが絶対であるのは、レンマ的否定がそのような構造をそれ自らに有するからしてであって、その他の何ものでもないからしてであった。

無が有の根拠をなすということはこの意味に於いてである。非存在が存在の根柢にあるというのも、このことの外の何ものでもなかった。有が無から結果するということは自然科学の厳しく禁ずるところであり、さりとて有が無に依存すると言っただけでは余りにルーズであって殆ど何ごとも語っていない。無は有の根拠であり、有は無に於いて存在するということが唯一の正しい言表でなくてはならぬ。しかし「於いてある」とは何を意味するのであるか。それは無が有の根拠をなすということである。存在と無との正しい関係は根拠づけられるものとその根拠との関係でなければならない。

4　西田哲学における、無的根拠としての「場所」概念の吟味

しかしこの関係は果たして具体的に何であるか。西田哲学はそれを「場所」として把握した。これは偉大なる発見である。存在と根拠との関係は、論理的なものではなく、況んやロゴスや弁証法ではなく、「場所」であるというのは西田哲学の一つの原理的な主張であるが、さて「場所」とは何であるか。それが先ず空間であることは誰の目にも明らかであるが、単なる空間の一点ではなく、事物の於いてある具体的座でなければならぬ。恰も座標が幾何学に於いて設定せられるように、空間の或る所に設定せられた在るところのものである。然もそれは単なる一点でなく、測定の行なわるべき基点であった。それは座であるが単なる座席又は座標ではなく、存在とそ

の根拠との接点であり、根拠づけの可能となるべき交点であった。それは単なる数学的な接点でなく、具体的な場面でなければならない。そこ〔＝地位〕に坐することによって人は高官となるように、意味と価値とを具有するものでなければならない。西田哲学はプラトンの χώρα を借りてそれを表現しようとしたが、χώρα は χωρίς から派生したものであり、著しく高踏的であり、正にプラトン的である。プラトンにとっては、それはイデアの場でありイデアの於いて存在すべき所であったが、西田哲学のコーラは事物の於いてある所であり、存在がそれによって根拠を得べき或るものでなければならない。しかしそれはそれとして、存在はそれ〔＝コーラ〕に於いて、如何に在り、如何にして根拠づけられうるのであるか、それが問題である。

　於いてあるとは、袋の中に物がある如くにあることではない。事物とその根拠とは、決してそのような関係にあるのではなく、またそうであり得ぬことは、素よりであろう。第一に、それは物と物との、又は事と存在との関係ではなく、事物が存在し、且つ根拠ある事物として実存することの可能性をあらわす。事物は於いてある場所によってのみ存在し、場所は事物の存在の場所としてのみそこにある。事物が如何にあるか、またそれがそうあるのは何故にであるか、を問うことは、たとえ迂事であっても、我々がそれを問うことは——問わざるを得ぬことは、人間の必然であり当然でさえもあるであろう。その在り方と有ることの理由とを開示するものが即ち「場所」であるに外ならなかった。それはその限りに於いてまさに正しく優れたる思想である。

　しかし我々の問わんとするのは、かくの如き「場所」は、何によって、そして如何にして生じたものであるか、ということである。それが単に我々の思想ではなくして存在の場所でもあるとするならば、この思想を構成する所の本質的規定は何処にあるか。この問いに対して、西田哲学の答えるところは、恐らく次の如くであろう——

それは絶対矛盾の自己同一であり、これを構成するものは弁証法的な矛盾である、と。即ち対応は逆対応であり、それの於いてある場所は逆関係である、と。これは明らかに矛盾の原理を根拠としている。しかもそれが絶対的であるならば、矛盾を措いて他に原理とするものはない筈であり、場所がそれ自ら矛盾であるのみでなく、それに於いて存在するものも反逆でなければならぬ。――しかし対応は常に、そして必ず逆対応でなければならぬものであるか。逆関係の外に対応は不可能なのであるか。対応は対立であるが、対立とは常に対抗でなければならぬか。それが我々の最も問題とする所であり、西田哲学の難解を訴える所以である。西田哲学の対応は、人と神との、個と全との対立を主とするものであったが、我々の求むるところは個と個との対立である。勿論、この対立は個と全との関係に帰属すべきであるが、少なくとも当面の実存の対立は個と個との対応でなければならぬ。

ライプニッツの存在はモナド(単子)であって、個体は窓をもっていない。正否はともかく、個の概念が現代的に確立されたのはライプニッツによってであった。西田哲学の晩年の論文は主として宗教への寄与の為に書かれたものであって、個と個との対応については未だしと言わざるを得ない。個と個との対応は専ら逆のみであるか。むしろ逆対応は対応一般の特殊なるものであって、必ずしも対応一般の共通性格ではないのではないか。それをして逆的たらしめるのは矛盾を原理とする弁証法的立場に限られるのではないか。

さらに対応をして逆的ならしむるものは何であるか。この問いに対する答えは西田哲学に於いて明確であって「場所的論理」ということを措いて外にはあり得ぬであろう。しかし場所は何故に逆対応性を造成せしめるか。この立場に於いて如何にしてロゴス的対立から存在的対応に転ずることが出来るのであるか。

5　物の存在根拠としての「場所」に対し、心の「於いてある」根拠としての「(有)時」を提示する試み

『金剛般若経』の有名なる一節に、「まさに住することなくして其の心を生ず(56)」とあるが、その深意は何を語るものであるか。物の存在するのはたしかに場所に於いてであるが、心は住することなくして生ずる。住するとは場所に於いてあることでなければならぬ。住することなくして生ずるものは心であるとすれば、心は必ずしも場所に於いてあるものではないであろう。むしろ場所に定住することなしに生ずるものが心であるとすれば、場所は存在の唯一の根柢的な根拠ではないこととなる。

「場所」に対するに「時」を以てした人は道元であった。彼の時は或る時ではなく、有る時、——即ち有時であった。道元の「有時」篇を詳述するまでもなく、「時」が存在的範疇として「場所」に相対することには、誰も抗弁する人はないであろう。私はさらに「時」をもって、存在の於いてある範疇として構想せんとする。そして存在の有時的範疇を場所に対して樹立せんとする。

場所に住するものは物であり、物質であるが、心の有り且つ働くところは、寧ろ「有時」であるといわねばならぬ。物は所を得て有るが、有ることを或るものとして定立するのは時でなければならぬ。時をして熟せしめるとき、物は事となり、事は「故」をもつ。それがものの「意味」であった。時至って花咲き、時熟して実を結ぶ。その来所を知るものは、由って来るところを知り、来ることによってその物は熟するのである。来る時、ものはそこにあり今に住する。去る時、ものは所を離れて故事となる。未だ来らざるものは「事故」であって、我々は

その何故であるかを知らぬ。物は「故」をもつことによって既に在り、また未だ来らざるものとなる。「故」は「今」を中心として往時と未来とを定め、そして物は事となる。物をして事とならしむるのは、「場所」ではなく「有時」でなければならない。そしてそれを可能ならしめるのは「者」であり心ある者であった。物から者への転移を然らしめるのは「事」であった。物をして者に近づけるのは、「故」であり「故」なるあるものであった。「故」とは有時であり、先ず往時であるが、それは単なる過去ではない、過去にして現在である、また現在にして未来であらねばならぬ。「故事」とはただに過去の存在ではなく現在の由って来るところであり、現にあるものの根拠でなければならない。過去は既にすぎ去った時であり、我々の如何ともするを得ないものであるが、また同時に未来に向って動く。過去は必然であるが未来は偶然である。この区別はただ「故事」と「事故」との逆対応によって定まる。それをこそ「逆対応」と言うべきではないか。

場所に住するものは「物」であって「事」ではなく、物が「者」として働くのは事としてではなく、心としてである。まさに住することなくして生ずるものは心であった。心は物の機能ではなく者の作用でなければならない。心は物をして者たらしむる力でなくてはならない。心が物に於いてではなく、物が心に於いてあるのである。これは決して観念論ではない、ただ心ある人の主張である。もし認識論に於いて時間と空間が最初の形式であるとするならば、我々はこれに対応して、事物の存在の範疇を単に「場所」に於いて〔のみ〕でなく、「有時」に於いても、同様に求むべきであろう。場所はただ物の形式であるが、我々の求むるところは、それと共に有時であり、有意味の世界でなければならぬ。意味とは物の場所ではなく、物の心であり、物心一如の範疇であるべきであろう。直観形式として時間と空間とがカントの認識論の出発点であるとすれば、「場所」と共に「有時」の範疇があっても然るべきであるのに、それがどうして許されないことであろうか。

茲に於いて、仙厓の遺偈「来時によって来所を知る」を再び引用することが恐らく正しいであろう。事物の於いてある場所を知っても、その何時に在るかを知らぬ。その来るや偶然であり、その有ることの何故であるかを知らぬ。この故を知らずして果たしてものは実存しうるか、実存することなくしてものは存在し得るか、現に有ることなくして、存在とは者にとって果たして何ものたるを得るか。永遠の今は現時の今を除いて果たして何処にあるか。永遠を今にするものは、その有る所によってではなく、その来るべき有時に於いて、今にあるのでなければならない。宇宙の広大なるに比して時の幽遠なることはもとよりで、しかも時は必ず有時であり定まった現時[57]でなければならない。生命が有水から生じた如く、意味は有時に於いて生れる。意味が意義となり人倫の発源となり生活の原理となるのも、有時に於いてであった。有時は単なる時ではなく同時に有であり、単なる形式ではなく常に時熟するものでなければならぬ。zeitigen とは常に時来り時至って成り、そして熟することでなければならなかった。それ(=有時)はそれに於いて、ものを存在せしめるものであるばかりでなく、それに「よって」ものを実存せしめるものでなければならぬ、「故」の論理は茲に胚胎するからしてである。

三　レンマ的論理の射程——存在・意味・価値

1　「即非の論理」における「無」の性格の批判。——この論理は第三のレンマに基づかねばならぬ以上述ぶる所によって我々の進路は漸くにして明らかとなった。即非の論理は存在と非存在との関係を論ずることに於いて勝れたものであるが、無と有とのそれを明らかにすることに於いて不充分である。第一にそれは非存在を、無としてではなく――少なくとも存在に対してあるものとして、取り扱っている。非存在が存在に非ざることは明白であるが、もし何かそのようなものがあるとすれば、それは有であって無でない。それは非ざるものでなくして、有るものであり或るものでなければならぬからである。無が有に関係するのは、決してそれが原因となってそこから有が生成するような、それ自体が有であるからではなかった。また有が無に依ってあるからでもなかった。それは無が有の根拠をなすことであり、存在の根拠が非存在にあるということであった。無は有と同じ意味に於いて存在するものではない、そういうものでないのみか、そういうことでもなかった。無は無である以上、それ自らは有るものでなく、それ自らとしては無きものでなければならない。さればこそそれは無であって有でないことも明らかにすぎるであろう。他方、我々にとっては、存在はそこにあり、そこに在ることに於いて全てであり、その限りに於いてのみそこに実存する。我々はその他に何事をも知らぬ。ただ存在がそのようにあることに対して根拠を要求するのである。そしてその根拠をなすものが即ち非存在であり無であることを知るばかりである。

従って即非の論理については、無の性格の何であるかが先ず問われねばならぬ。非存在はそれ自らとしては無であるが、存在をして存在たらしむるものであり、我々の問わんとするのは、まさに無の性格であり、その本質でなければならない。

それ〔＝無〕は先ず存在の単なる否定ではなかった。存在の否定は、或いは「欠如」(privatio)であり、或いは

「不足」であるが、それらは部分的否定であって全面的なものではない。それらは現実存在の「差異性」を表詮するものであっても論理を表明するものではなかった。否定は肯定を否定するものである。肯定と否定とは論理的に反立する。肯定せられる限り否定され得ず、否定された以上は肯定され得ぬ。それが同時に行なわれるとき、矛盾として又はディレンマとして退けられねばならぬ。それが論理の第一原則であった。

しかし否定の論理はただこの一つに限られぬ。さらに肯定でも否定でもないという第三の法則があった。そしてそれ故に肯定でも否定でもあるという第四の原則がなければならなかった。[58]

アリストテレス以来ヘーゲルに至る西欧の論理は、専ら第一および第二の肯否の論理であった。それ以外に論理があるとは考えもしなかったのが西欧の論理であった。

しかるにこの伝統的な立場を破却して、人間の思想の論理には尚その外に二つの方式があるとしたのはインドの論理であり、これにつながる中国及び日本の、東洋の論理であった。私はこの区別を明晰に確立せんがために、西欧のロゴスの論理とレンマの論理とを峻別しようとした(レンマ《Lemma》の論理ということは聞きなれぬ命名であるかもしれぬが、それについては拙著『ロゴスとレンマ』を参照)。但しこの区別はインドに於いてさえ見られず、その由来する所は「四句分別」として、むしろ大乗仏教の外にあったが、私はこの四句の順序を変えることによって、東洋論理の体系を組織せんとするものである。詳述すれば、「四句」によると人間の思惟の方式は、㈠肯定、㈡否定、㈢肯定且つ否定、㈣肯定でもなく否定でもない、という四種の分別である。それは人間の思惟の四つの仕方であり、むしろ心理的な分類に属する。しかし私はこの第四と第三との位置を入れ換えることによって、一つの論理的系統を組成しようとした。即ち第四の両否を第三の位置におき、且つこれを中軸として第四の両是の方式を演繹せんとしたのである。この転置からして人間の思惟の心理的方式は一変して、論理の方法となり一つの体系を整えるのではないか。そのような変換はインドに於いてさえ見られず、この論法は徒らに外道の論理――サンジャヤ一派の主張として退けられ乃至は無視せられたが、それは何たる不幸であったことか。六師外道を俗流の論理として軽んじたことは、ただにインドのみでなく世界の大なる損失であると言うべきではないか。それはサンスクリットが学者の用語であり、パーリ語が俗流の一般用語であると誤認することと揆を一にするものではないか。

ともあれ、我々にとって、問題は第三のレンマ即ち両否の論理である。それは肯定に対する否定ではなく、否定そのものをも否定するものである。むしろ否定をも否定することを根本的性格とするものであるから否定の論理なのであり、絶対的否定の論理でなければならぬ。

ロゴス的無は肯定に対する否定であるが、レンマ的否定はそれ自らの無性をも無化せんとする。単なる否定ではなく、否定それ自らも否定せられたものでなければならぬ。否定が単に無きことであるならば、素よりそれ〔＝レンマ的否定〕は存在しない筈であろう。しかしそのような〔レンマ的〕非存在が如何にして存在の根拠となりうるか、絶対に無きものが、どうして有るものの基礎となり得るであろうか。存在が存在を基礎づけることは見易き道理であるが、無が有を根拠づけることは一見して不可能である。この不可能を可能にするのは果たして何であるか。それは、レンマ的無がそれ自らに於いて無であると共に有でもあるから可能になるのである。それは無が直ちに有となるからではない、無であると共に有でありうるから――然も単にありうるのみでなく、まさにそのようにあるからしてである。それは決して無が有に転ずることではない。また、否定の否定が肯定となるということでもなかった。無の否定は依然として無でありながら有でもあるということである。これでも無い、あれでも無い、ということが直ちに是でもあり、あれでもあるということの根拠となるからである。第三のレンマを基礎として即時に第四のレンマがなり立つからしてである。それが即ち、即非の論理であった。そしてこの論理は第三のレンマによってのみ是認せられうるのである。

即非の論理はだからして、第三のレンマを根拠とする。それなしにはこの〔即非の〕論理は無意味であろう。この論理をただ説いて、第三のレンマに立たないものは不充分であるのみならず不完全である。存在は有相でなく無相であるから存在であるということだけでは、即非の論理[59]として到底なりたたない、もしそうならば即非の論理とは凡庸なる体験の告白にすぎず、大凡論理というべきものではあり得なかったであろう。それは、存在は無相であるからそうしたものを存在と名づくというのみである。無相に於いて存在を観じたのみである。インドが最も早くこの雄大なる思想を抱きながら国家として雄偉を誇ることができなかったのも、この理由〔＝即非の思想そのもの〕によるのではない。存在は無相であってもよい、むしろそうあるべきであるが、それを第三のレンマなしに直ちに存在の相状とすることは飛躍であろう。存在は無相であるにしても無相は即ち存在ではあり得なかった。無相そのものが単なる無ではない、それは第三のレンマを通してのみ然か〔＝無相で〕あり得るのである、否、(アリストテレスに於いての如く)あり得るのみでなく、然かあるのである。

レンマ的無は単なる否定ではない。肯定でないことは明らかであるが、その最も大なる特色は否定がさらに否定されて無となるというところにある。換言すれば、レンマ的無の特色は自ら無であってしかも無でないという点にある。それは肯定でもなく、しかも否定でもないということを特色としている。その存在の仕方は肯定でないとともに否定でもないというところにある。然しそれだけで即非を説くのは未だ浅い。第一に即非とはどういう論理であるかが実証せられねばならぬ。次に、この論理によって、存在は、その奥にレンマの無が見られることによって初めて、規定せられるのではなく根拠づけられるのである、という所まで深く思わねばならぬ。

2　絶対否定としての「非」又は「レンマ的無」は、意味的世界の論理を構成し、「価値」理論の基礎をなす

否定はただ肯定に対する或るものであるが、レンマ的無はそれをさえ否定する。それが絶対的であるのは、それがそれ自らを無にするからしてであった。しかし無を無化して果たしてそこに何があるか。それは数学に於いてのように否定の否定は肯定となるというわけにいかない。否定が否定されて、元の肯定となるというのは論理であって決して存在ではなかった。それは例えば、盗みをしても金を返せば無罪となると考える程の幼稚な考え方である。物質は元に戻されえても、道義は覆水盆に返らざることと同様であるだろう。

非は決して否ではなかった。或るものを否定しても必ずしも非とはならぬ。人情に背いても必ずしも非人情とはいえないことと同様である。非は肯否の外に立つ。しかもその故にまた肯否は共に非の中にある。絶対無は非の世界であって肯否とは次元を異にするのである。

さらに言えば、非は単なる否または不に非ずして、然も洞然として肯否の二面をふくむものである。非は一なる無ではなく肯否の二面よりなりたつものであった。一つの否定ではなく肯否の二つの作用の合成であった。否定を否定して何ものも残らないのではなく、尚そこに残らないということだけが残っている。それが絶対的否定

でありレンマの無であった。

このことは我々にとって極めて重大である。というのはここからして「価値」の問題が発芽してくるからである。価値の特色は二分性にある。善に対して悪が、利に対して害が[60]、醜に対して美が、そして偽に対して真が対立する世界である。この二分性と対立性なしには価値の存在はなりたたない、価値の理論が成立し得ぬのである。そして価値の対立のその根拠は肯否の対立に基づく。真は採るべく偽は捨てらるべきであり、善は好ましく悪は厭わしきものである。この取捨選択によって価値は初めて、存在としてではなく価値として成立するのであるが、この区別を根拠づけるものは肯定と否定とであった。価値理論は人間の評価であるとするならば、それはもちろん存在にではなく、論理に基づかねばならぬ。

さらに価値の根柢には「意味」がある。価値は評価であるが、意味は存在そのものの表現である。物は意味をもつことによって我々にとってのものとなる。意味なきものは存在に値しない、在りは無きに等しい[61]。

しかし無価値なるものは必ずしも意味なきものではない。無意味(=無価値)なるものも無意味(=無価値)という意味を持っている。無価値(=無意味)なるものは用捨なく捨て去らるべきであるが、無意味(=無価値)なものは決してそうではない。価値(=意味)なきものが存在に値しないものであるに対して意味(=価値)なきものは存在しうるからである。価値は存在を二分するが、凡ての点で無意味なるものはあり得ない。いわば価値は肯否の対象であるが、意味はレンマ的無の当体であると言えよう。価値は存在についてのロゴス的論理としてのみあるが、意味は存在の一般的性格としてまさに我々の言うレンマ的無に等しい。否はロゴスの論理の中心にあるが、非は意味的論理の中枢をなしているとも言えよう。この点からして「価値」の問題を論究せんとするのが我々の次の仕事であるが、それは主として経済の中心問題として後の機会に譲りたいと思う。

四　東洋思想の極意たる「非」。般若および即非の思想の批判

1　東洋思想の綱格たる非存在のその真意は「非」であり、そこから、般若思想も吟味されるべきである

以上によって我々の言わんとする所は略〻尽きたのであるが、さらに、これを単なる論理の問題としてではなく、人間の心理として又は体験として実証することによって、この小著をひと先ず閉じたいと思う。

それは「無心」と「無念」との体験についてであった。大乗仏教、殊に禅的思想は、存在の問題を、むしろ非存在を通じて、貫徹せんと努めた。西洋思想の中核が「存在」にあるとすれば、インドに発源する東洋思想の綱格が「非存在」にあることは周知のことであろう。前者に於いては、存在は存在としてそれが存在である限りに於いて取り扱われたが、東洋に於いては、存在は非存在としてではないにしても非存在を通して、又はそれを根拠として、把握せられた。自然科学や唯物論のめざましく発達したのは西欧であって、東洋では寧ろ唯心論が思想の根拠をなすことも、大体に於いて承認されうるところである。存在に対する非存在が何であるかは、遂に理解せられるべくもないのが西欧文化の特色であった。神については先ずその存在が宣説せられ、乃至は証明せられねばならなかった。東洋の宗教では、これと反対に先ず非存在(無)について反省せられ、次に体験せらるべき

ことが教えられた。般若の思想は無相を以て存在とする。存在は無であるからまさにその故に存在である、と説かれた。これはロゴスの論理としては非理でありパラドックスであるが、まさにパラドックスであることを真理とする論理である。然し、無相を相とするが故に存在であるというのは実は何の論理にもなっていない。啻に論理に背く、というよりも、抑ゝ論理ではなかったのである。

アリストテレスは「存在は種々に語られる、存在には様々な意味がある」[62]と言ったが、我々は「非存在にも様々な意味がある」と言わねばならぬであろう。

無は第一に肯定に対する否定であった。しかしそれは無の凡ての意味ではない。否は無の凡てではない、ロゴス的論理の第一歩であるにすぎない。レンマ的無は「非」であり、これこそ無の真意でなければならぬ。非は単なる否でなく同時に肯でもなければならなかった。然し、非は肯否の合一であるのではなく、寧ろ、肯否の区別がそれ(「非」)から発源するか、又は少なくとも、それ(＝「非」)を根拠とするか、その孰れかのものでなければならない。非が合一体でなく発源体であることは非が絶対無であり、それが非といわれる以上どこにもないものであるべきであるからである。無いものが何処にあり如何にあるかを問うほど愚問はないであろう。我々は非の存在を求めることはできぬ。しかもそれにも拘らず非の作用はあり、非の根拠性は失われない。それは或るものでないことはもちろん有るものではないが、却ってそれ故に大なる働きをなし活潑なる用役を果す。一例として身近なる体験を一瞥してみよう。

「無心」と「無念」とは禅体験の頂上にあるものとして、最も貴ばれた心境であった。六祖慧は無念と無心を以て悟後の至境とした。然るに如何であろう、無念とは怨念であり、口惜しく残念なことを意味する。無心は心の無きことをではなく、逆に欲求の酷烈なることを言うではないか。親に金を無心するとは、親なればこそ無理にも金銭を強請することである。他人ならば面目もないことを、親に対して恥ずかしげもなく強求することである。「無念」や口惜しさや怨めしさは殆ど度を越えて発作する。これを抑止すべき無念がありながら、何故にこのような、それには相反した激情が同語の中に含まれてあるのか。そのような分裂はサンスクリットにはない。或いは中国又は日本に於いて起ったものであるかもしれないが、それにしても人間の心理としては驚くべく痛ましい限りであろう。

例えば、桓武天皇といえば平安遷都を決行し数々の新政策を断定した稀に見る英主であるが、その生涯はまさに怨念に食い破られ、のたうちまわって世を去った天皇であるという印象がしてならない。彼は、その即位に先だち、既に皇位を予約されていた異母弟の他戸《おさべ》とその母、井上皇后とを陥れて皇太子の地位を占取した。その後、他戸と井上皇后とが同日に謎の死を遂げたことに彼は無関係とはいえない。さらに即位後かつて皇太弟に定められていた同母の弟早良《さわら》を無実の罪で失脚させ、わが子に皇太子、即ち後継者の地位を与えた。その後は桓武の英帝もおびえ始める。自分の心身の不調、あいつぐ近親の死、皇太子の病弱、諸政策の行詰り、疾病の流行、東北遠征の挫折、等々に出逢い、自分の犯した罪の重且つ大なることにおののく。それらは全く怨霊のたたりとしかうけとれなかったからである。桓武帝はあわてて異母弟の母井上からとりあげていた皇后の称号を復活させ、彼等の墓を手厚く守らせた。さらに恐ろしかったのは、無実を訴えつづけ食を断って死んだ実弟早良の恨みであった。桓武は彼に崇道天皇の名を贈り慰霊につとめた。その後も怨霊は平安の新京を脅かしつづける。ある時は宮中に落雷し廷臣が即死した。恰もこの世相に火をかけたのは有名な菅原道真怨霊事件であった。それは啻に一部の人々を戦慄せしめたのみでなく、怨霊の代表的なるものとして、語るべく余りに周知のことに属するであろう。何故に大乗仏教の根本的立場ともいうべき「無念」がかくも忌まわしく恐るべき情念となったのであるか。無欲であるべき「無心」が一転して、欲望の最大なる激情となり果てたのは、何の理由によるのであるか。それはインド人が天性無欲無念であったためであるか。否、そうではない、むしろその逆である。彼らは強欲であったがために無欲の教説が説かれざるを得なかった。怨み多く無念やる方なきが故に無念が教えられたのである。それはもちろんインド人だけの性質ではなく、人間そのものの本質である。煩悩のはげしさを表現するのに、それほどの逆理が必要とされる。私の見るところでは自己に欠けたるものを人間は要求するが故に、道徳のしきりに説かれた国では信義が最も地に墜ちていた。(63) ただ中国では易姓革命の国であったがために忠義の徳が貴ばれ、日本は家族的社会であったために孝心が喜ばれた。道徳や宗教の盛んなる国又は時代には、その国民は残忍であり強欲であり不安であったとも言えよう。

非は否ではなく、況んや単なる無ではなく、宛然として一つの無である。無は有に対して矛盾する或るものでなく、まさに有と無とをその中に含む非でなければならぬ。ただに理論的にこれらを胚胎し、それらを成立せしめる根拠であるのみでなく、現実の世界を根拠づける基礎的なるものでなければならなかった。それは存在のみでなく、意味と価値をも醸成するところのものであった。例えば「是」と結んで是非といわれるとき、非は善に対する悪を意味する。是非ともといわれるとき、それは或る種の必然性をも意味するであろう。それが善であれ悪であれ、是非とも行なうべきは行われねばならぬ、啻なる存在ではなく、その〔=存在の〕強要を求めるからである。非は善悪を越えたもの(非情)であると共に善悪を造出する根拠である、寧ろ越えることによって根拠となりうるものであるからである。

ここに於いて我々は、非の性格を的確にとらえることができるようになった。それはもちろん無であるが、決してロゴス的なる否定ではない、レンマ的なる無でなければならない。肯定に対する否定ではなく、否定をもさらに否定したものでなければならない、相対的無ではなく絶対的無でなければならない。肯定と否定とは論理的に矛盾する。矛盾するが故に両者は同時に成立せぬと言う。しかしそういう論理は明らかにロゴス的であってレンマ的ではなかった。ひとたびレンマの立場に立つとき、肯定は決して否定と矛盾しない。従って両者は同時に成立し、それ故に両者を根拠づける基盤となりうるのである。絶対的自己矛盾などということは、抑ゝ矛盾の甚だしいものではないか。しかもそれが自己の同一性に根拠をもつならば、それは明らかに極端なる観念論であって、主客同一物を説くことも不必要となり無意味とさえならねば止まぬであろう。主客は断じて一ではなく異にして同一でなくてはならぬ。そこに初めて非の論理が所を得て、認識の問題も存在の課題も意味あることとなる。対象論が全くの誤謬であるならば、非の論理も無意味となるべきである。私は仏教の観念論に対しても多くの疑問をもつ。たとえ天界の英主が降下して大悟徹底三界唯心を宣述しても、宇宙は依然として自己の法則によって運行して何の影響も蒙らないであろう。自然は非情なものであって単なる無情なるものではない。非情は不運なるものに非ずして儼然たる存在であった。

重ねて言う、即非の論理は即の関係であるより、先ず非の論理でなければならぬ。非とは無と同一ではなく、無にして有なるものである。ロゴスの立場から見れば両者は矛盾そのものであるが、レンマの論理では決してそうでなかった。それは有でも無でもないが故に――まさにその故に無でもあり有でもあるものであった、またその理由からして有無の根拠をなすものでなければならなかった。そしてこれらの根柢には、更に無が非として把握されることが強く要求されるのである。それなしには無が無として、況んや無が有として把握せられる可能性はないからしてである。

もちろん無は無であるからしてどこにもない。それが何らかの意味に於いてどこかにあるとすれば、既に有であって無ではあり得ないからである。しかしそれにも拘らず無が言われるのは何の故であるか。それは無とは有でないのみでなく無でさえもないからしてである。非は肯定を否定するのみでなく、自己自らをも否定せんとするものであるからである。それは有るものでもなく、無きものでもないからして無くして有るからである。このような論理を可能にするものはロゴスの論理ではなく、レンマの第三から第四への展開に外ならなかった。その外にこれ〔＝非〕を意味づける論理はどこにも見出されない。それが「即と非」との論理であった。そうであるより外になかった。

般若の論理はまだそこまでに到っていない、と見るのは私のひが目か。鈴木大拙師の解釈は優れたるものであるが、それを更に解釈する忠実なる人の言う如く、果たして天才的発見であるかどうか。むしろ鈴木師を天才といって激称する人々こそ天才的であるのではないか。このことは既に述べた所であるが、繰り返して言えば、般若の論理は、AはAでないからAである、という論理であるといわれる。然し、AがAであるという立論の論拠は、そこでは、AがAでないということではない。この間の関係を論説せんとする「非」の論理は「故」の論理ではなく、ただ言葉を換えただけである。存在は無相である、それ故に存在を無相と名づく、と言っただけである。何ら第一の命題は第二のそれの理由とはなっていない。白隠の如く無相の相を相として存在を諦観したのみにすぎない。両者の関係を明らかにせんとする「非」の論理は何ら論理的なものではない（その because は実は、therefore と英訳せらるべきであった。――《本書一一一頁等参照》）。それ故にこそ般若の訳者は「存在を無相と名づく」と誌しはしても、「存在は無相でなければならぬ」とは伝えていない。般若について私の最も気になるのは「そうである」と言わずして、「そのように名づく」と言っていることである。ただそれ故に存在を無相と言ったたけならば、それが存在したことになりうるか。人あえてそうでない（＝存在は無相でない）と名づけても（言っても）、何の差支えもない筈であろう。

以上によって我々の述べんとするところは略と尽きた。これ以上言葉を費やすことは徒らに老いの繰り言に堕するであろう。我々はここに於いて「随眠」の何たるか、に――我々の最初の問題に帰るべきであろう。

2　存在の根拠を求める「存在の論理」は、根拠を絶対無において見いだす。即非思想はこの無の論理に支えられねばならぬ

然るに、存在とは何であるかを、即ち存在が存在である限りその何たるかを、考案することが我々の第一の仕事であったかもしれない。しかし存在は先ず存在しなければならぬ。それが何であるか、をよりも存在が存在するということのほうが――存在が実存であることのほうが、先ず考察せらるべき第一の問題である。我々は単に存在の概念を知り且つ定義しようとは思わない、存在が存在することを確認し、然る後に、それが何であるかを知ろうとするのである。存在とは存在であるということは、存在の概念を定義はしても、その何たるかを我々に教えるものではない。それは概念の定義ではあっても、その何たるかを明らかにするものではない。高々思惟の

第一の法則を明らかにするにすぎぬであろう。我々は存在が何によってそこにあるかを先ず明識しなければならぬ。それが何であり如何にあるかよりも、先ず何に基づいてあるかを明識しなければならぬ。それが何らかの原因からして起ると考えることは自然科学の方法であり、それが何かに依ってあると見るのは宗教的立場であるが、それが何らかの理由によって在ると見るのが哲学の立場である。共に「よって」であるが、それをこの三種に明別することは極めて重要であり、少なくとも我々にとっては必要であった。存在の由来をたずねることは存在の根拠を求めることに外ならない。それを我々は「存在の論理」と名づけて、単なる「思惟の論理」から明別せんとするのである。存在の論理とは存在の根拠を明らかにせんとするものである。存在の因って来るところをではなく、その由って来るところのものを明らかにせんとするのである。存在の根拠を原因に求むれば、有から有が生ずるということを説明することができぬ、少なくともそこでは龍樹の鋭利なる批判につまずかねばならぬであろう。原因と結果とは一であるか。もしそうならば生ずるということが不必要になるか無意味となる。原因と結果とが全く異なるならば、如何にしてそれらが因果関係をなすと言い得るか。原因と結果とは異にして一でなければならぬ。それは如何にして可能であるか。両者が同一ならば生起は無意味となり、全く異なるならば不可能とならねばならぬ。いずれにしてもここに解き難き難問があった、そのことを峻烈に攻撃したのが龍樹の中論であった。

この酷烈な批判にたえて大乗の論理を樹立せんとするためには、さらに一歩を進めねばならぬ、龍樹は果してこのことを充分に意識したか。もしそうでなく依然として破邪を濫用するならば、龍樹自らもその陥穽に陥らねばならぬのである。龍樹も人の子であるからには親から生まれたにちがいない。然るに彼の論理によれば彼と親とは一であるか異であるか、の孰れかである。孰れにしても彼が生れたことは不思議であって論理的には不可解でなければならぬ。龍樹は遂に生れ得なかった。

ここに於いて、一つの新しい論理が開発せられねばならぬ。それは、親と子とは一でもあり異でもある、なぜなら親と子とは一でもなく異でもないからという論理である。そして前者の成立の根拠をなすのは後者であるということである。これは驚くべきことである。というのは、これは、一でもあり異でもあるという有の論理が、一でもなく異でもないという無の論理によって根拠づけられているということであるからである。それは明らかに存在の根拠は非存在にあるということではないか。さらにレンマの第三が第四のレンマの基礎をなすということではないか。

ここに於いて我々の高らかに主説しうることは「存在の根拠は非存在である、存在は存在によっては根拠づけられぬ、非存在によってのみ基礎づけられ得る」ということであった。「有は無によって根拠づけられ、決してその逆ではあり得ない」ということである。しかし無は無であって有るものではない、何処を探しても如何に求めても、それは有るものではない、もしそれがどこかに見出し得るならば、それは有であって無でない。無は無という或るものとしてあるのではなかった、「もの」は有るものであって何ものかで有らねばならぬからである。だとすれば、我々は何故に無を求めるのであるか、如何にしてこれを求め得るのであるか、それが絶対に無である以上、果して有の根拠となりうるか。少しでもこの効能を果たしうるならば、無でなく有でなければならぬのではないか。

この究極的な問題に処するには、無の意味を一変せしめるより外にないと思う。我々のいう無は、ロゴスの無ではなくレンマの立場に於いて見られた無でなければならぬ。前者の立場に於いて無は有に対立するものであり、言わば相対的であるが、レンマのそれは絶対的無でなければならぬ。有を否定した無ではなく、無それ自らをも否定した無でなければならぬ。それは有に対する無でなく、有無を絶した無でなければならない。無を否定すれば有になるという数学的方式はこの際採用できぬ、それは自然科学的方式ではあっても哲学的立場ではあり得ぬ。レンマの無は、有でもなければ無（=有でないこと）でもない、その孰れでもないという、まさにその無をいうのである。そこに出て来るのは、AでもなくAでないものでもないという、まさにそのことである。物ではなく事であったのである。そして物から事に転ずることによって——それによってのみ、レンマ的無を我々はかちとることができるのである。その他にレンマ的無を獲得する途はなかった、絶対に有り得ぬのである。

果たして然らば、果して如何となるか。レンマ的無は先ず物としては無きものであるが、事として有るものとなる。それが無という物であるならば当然どこにもない筈であるが、恰もこの無きことが一つの有ることとなる。無は物でなく事でなければならなかった、物としてどこにも無いが、事としていずこにも有るものでなければならなかった。

第二に、それ故に無は「物」の世界と「者」の世間との間にある。それが「こと」の世であることは大凡この「こと」から実証せられ得る。「こと」の世は、物(Ding)でもなく、者(Person)でもなく、まさに「こと」(Sache)の世界であることも、この点から明知せられうるであろう。この三つの世界が世界の全体を構成し、人間の住む(単に棲むのみでなく)世界の全域を形成することも周知のことに属するであろう。

人間にとって人間ほど貴いものはない。神にとっては人間は愛子であった。キリストのみが愛子ではなく人間の凡てが神の愛子でなければならなかった。

しかるに人の世になぜ虚偽と不倫と憎悪とがあるのであるか。神は何故に悪人と謀殺と汚醜とを創ったのであるか。神の創ったのは「者」と「物」とだけで、「事」を創るのは人間の仕事であったのか。それにしても神は何故に善き者と美しき者とのみを創らなかったのか、神の創りえたのは物と者とであって、「事」ではなかったとしても、何故にそれを人間に放任したのであるか。

神の創ったものは何よりも先ず存在であった。神を信ずるとは神の存在を信ずることである。人間と雖も有らぬ神を信ずることはできない。「神とは在りて在るものである」と教えたのはシナイ山上の神であった。大抵の宗教は神を唯一の存在として尊信するのであるが、ひとり東洋の宗教には神の「非存在」を旨とするものがある。しかるに、神は存在と共に非存在を告示する。それは無神論でなく非在論である。無はインドに於いて「非」に転換されたとも言える。それは必ずしも無から非への単なる転移ではなく、ロゴスの論理からレンマのそれへの転換であった。無は決して単なる否定ではなく、非でなければならなかった。即非の論理はこの点が偉大なる発見であるが、私は、この論理は、証明について到らざる所多く、極言すれば論理と呼称するに堪えないものではないかと思う。即非の論理を支えるものはレンマの論理でなければならぬ。我々はこの見地から「無」と「非」とを明別して、おもむろに存在の論理を樹立したいと思う。またそうすべきであると痛感するのである。非は否でも不でもない、特に注目せらるべき無である。無の一種ではなく無の根柢をなすものと見らるべきである。それは何ものかを否定するのみではない、否定をさらに否定し、無を自ら無化するものであるが故に、単なる無ではなく、無の無でなければならない。しかし、それはそれ故に無を転じて有とするものではない。もしそうならば有であって無ではあり得ぬであろう。無が非である以上、それは絶対に無いものでなければならぬ。苟しくも何らかの有であれば、どうして絶対的無といわれ得るであろうか。

非は無という或るものではない。無でさえないところに、それはあるのである。有るということはここに於いて一変しなければならなかった。有るということが、無になるというのではなく、無いということさえ無きものとするのである。有って然る後に無いことではない、無くしてやがて有ることでもない、有ることが直ちに無きものであり、無きものが即ち有るものであった。それはロゴスの論理でないことは勿論、単なる即非の論理でもない。所謂即非の論理は余りに端的であり単純であり、論理の名にさえ堪え得ぬものである。思慮分別を極力排斥する禅の立場は、我々には余りに直観的であって、論理の名に値しないのである。我々の「即非」は単純な有と無との合一を意味するのではなく、レンマの第三「有でもなく無でもない」ということと、それ故に「有でもあり無でもある」という第四のレンマとの関係であるべきであった。この論理なしには禅的悟道もその根拠を失い、精々独りよがりの域を出ないであろう。禅道には学問はいらぬと言いながら、歴代の巨匠が如何に多く語り、著書を残したのは何故であるか。

所謂即非の論理は更にその根拠をレンマの論理に求めねばならぬ、ということは、ロゴスの論理に対してレンマのそれを樹立せんとする今日に於いて、さらにその重要さを加えるであろう。存在の根拠を専ら「理由」に求めんとする「充足の理由律」に対して、我々は無の根拠を第三レンマに求め得んとするものである。このことによってのみ、「充足の理由」を、「ロゴス」によってでなく、純粋経験によって見出しうる理由をも見出しうるであろうからである。

以上によって我々はレンマの論理を余りに強調し、煩わしきまでに贅言を費やして来た。今や翻ってこの書の最初の問題に帰るべきであるかもしれない。

編者注

（1） Meulen, Jan van der : *Hegel ; die gebrochene Mitte.* 1958. München.

（2） 初出の『哲学研究』第五四三号、一五頁四行目では、〃「此」の論理〃とされているが、これは、前後の文脈からしても本書全体の思想構造からしても、〃「故」の論理〃と訂正されねばならない。

（3） このラテン語原文に対しては、初出の『哲学研究』第五四四号、一一頁には、訳が与えられていない。編者の試訳を添える。「然し、存在者(エンス)が存在者それ自らにより、存在者それ自らにおいて、それに基づいて存在することを得る所以のものは、本質と呼ばれる」(『存在と本質について』一―三)。

（4） このラテン語原文に対しても、初出の『哲学研究』第五四四号、一七頁には、訳が与えられていない。編者の試訳を添える。「けだし、実体(substantia)でもなく実体性(substantialitas)でもなく、実在者(existens)でもなく実在するひと(existentitus)でもなく、存在(existentia)でもなければ存在性(existentialitas)でもないような、そういうものは無いからである……」(カンディトゥス・アリアヌス『神的な生成について』第一篇、第八章、一〇一三)。

（5） 《Gebirol》とは Salomon ben Jehuda ibn Gabirol (1021-69/70) のことである。スコラ学者は Avicebron の名で呼んだが、それは彼が回教徒支配のスペインのマラガで生まれ、サラゴサで教育を受け、その主著 *Fons Vitae* をもアラビア語で著わしたからである。この著書は Johannes Hispanus によってラテン語に訳されたが、彼ゲビロールは実はユダヤ人であって、それ故、彼はヨーロッパに現われた最初のユダヤ人哲学者といわれる。彼の流出説的汎神論はスコラ学者に大きなインパクトを与えた。

(6) 原手稿(三頁一一〜二行)では、〝一は「依って」であり「縁って」である。Aが存在するのはBに依ってであり、……〟と続いている。この〝他は、後述するが、……「由って」である。〟の一句は編者の補足である。

(7) 〝エックハルトの遺著は……に止まり、彼自身も……満足していた〟というこの一文は、現在の学術的認識からすると、正鵠を得た記述であるとは言い難い。ドイツ学術会議(Die Deutsche Forschungsgemeinschaft)が一九三六年以降、『マイスター・エックハルト。ドイツ語著作集およびラテン語著作集』(Meister Eckhart : Die deutschen und lateinischen Werke)を刊行して来ており、そのドイツ語著作集五巻(Josef Quint 編集の現代ドイツ語訳が一九五八年以降刊行されている)の中には説教のほかに論述(Traktat)が含まれているし、ラテン語著作集六巻は命題論集の一部や註解集を含んでいるからである。また、エックハルトが一三〇二年、パリ大学神学部で取得したマギステル(Magister)は当時の最高学位であって、Doctorより下位の学位を指すものではなかったからである。

(8) エックハルトに関する、この第一〇章第4節(七七〜七九頁。原手稿二九〜三三頁)には若干の空白部分がある。すなわち、〝……として特徴づけられ、〟の次は、原手稿では〝(例えば□□□□□は彼をドイツ神秘主義の大立者として取扱っている)、しかし彼は……〟(原手稿三〇頁七〜一〇行)と続いているのであって、約五字分の空白が存する。一応、本文の如くに整理する。

(9) 原手稿(三三頁)では、〝……またそうでなければならない。〟の次に、(In der wîse, als got würket, alsô würket ouch der gerehte sunder warumbe :)という一文(訳せば、「神が働くのと全く同じ仕方で、義なる人(正しき人)も亦理由なしに働く。」)があり、さらにそれに続く(Qui sequitur iustitiam. 289)という一句(訳せば「正義を求むる者。二八九」)でこの段落は終り、行が改まっている。この最後の一句は、前掲の一文が、エックハルト・ドイツ語著作集第二巻所収の、「説教四十一(正義を求むる者)」から引用され、「二八九」は同巻二八九頁にそれが見いだされることを示している。

(10)　原手稿(三三頁)では、この〝人の見るところと神の見るところとが一となることもこの理由による。〟の、その次に、(Hie ist gotes grunt mîn grunt und mîn grunt gotes grunt. Predigt 66)という挿入文がある。これはもちろん、もう一つ前の〝ここに於いて神のグルントは同時に人間のグルントとなる〟という文に対応する原文であって、ドイツ語著作集第一巻の九〇頁(説教五b)に見いだされる。従って上掲挿入文の末尾„Predigt 66"は„Predigt 5b"と訂正されねばならない。また、この〝人の見るところ……〟の一文そのものは著作集にないが、これに対応すると考えられる「私が神を見る目は、神が私を見る目と同一の目である。私の目は神の目である。」はこの同じ第一巻の二〇一頁(説教一二)のうちに見いだされる。

(11)　この〝実はこの最も内なるグルントによって汝は汝の仕事を果たさねばならない〟にほぼ一致する原文(Ûzer disem innersten grunde solt dû würken alliu dîniu werk sunder warumbe.)が、編者注(10)に挙示した原文の二行あと、つまりドイツ語著作集の同じ第一巻九〇頁に現われている、即ち、この一文は同じ説教五bの中のものなのである。従って原手稿中(三三頁)の〝(Predigt 61)〟――しかもこの一句は、原手稿では、(その後に来る)〝それが「理由なし」の理由であった〟の次におかれている――は、(Predigt 5b)と訂正したうえで、本稿のように〝……汝の仕事を果たさねばならない〟の直後におくのが、最も適切であろう。

(12)　ここに引用されているゲルハルト版ライプニッツ全集第二巻のそれぞれ五六頁と六二頁とは、別書簡に属するが、刊行本『アルノーとの往復書簡集』では、ともに、「ハノーファー、一六八六年七月十四日」と記されている。五六頁の部分に対しては、河野与一氏の訳(ライプニッツ『形而上学叙説』《岩波文庫》二七八〜九頁、一九五〇年)および竹田篤司氏の訳(ライプニッツ著作集第八巻『前期哲学』二七二〜三頁、一九九〇年)があり、六二頁の部分に対しては河野与一氏の訳(同氏の前掲訳書、二九六頁)がある。

(13)　原手稿(六六頁)におけるこの一篇の引用は、完全なものではない。シレジウスの原文については、一九二一年にイエーナの書肆オイゲン・ディートリックスから刊行された一六七五年のものを引用し、訳文については、一九九二年三月に岩波文庫として刊行された『シレジウス瞑想詩集』（植田重雄・加藤智見訳、上・下二冊）の上巻九〇頁を参考にして原手稿に二、三の加筆をした。

(14) 前後の文脈（たとえば、三行前）からすれば、ここには、「根拠」「根底」ないし「論理」等の概念がおかれねばならない。

(15) 原手稿はここで直接次頁に（九五頁から九六頁に）移って、「……なすものこのことは……」と続いているが、明らかに脱漏があるので、このように暫定的に補った。

(16) 著者が引用した漢訳原文は鳩摩羅什の訳文のごとくであるが、岩波文庫に収められている『般若心経・金剛般若経』（中村元・紀野一義訳註）七二頁および九八頁の羅什訳原文とは若干の相違がある。著者の原文をそのまま掲載した。

(17) 原手稿（一〇六頁一一行目）では、この「無常」の次に「　」で囲まれた判読できない五文字がある。本文のごとく仮整理をする。

(18) 原手稿（一〇九頁一八行目）では、この「……、仮にそれを」の次に判読困難な六、又は七文字がある。本文のごとく仮整理をする。

(19) 原手稿（一一七頁一三行目）では、ここは「……、存在を存在である限りに於いて……」となっているが、それでは、ここまでに展開した議論の全体と合わないし、ここだけの論理的文脈からしても理解しにくい。疑いを残しつつ、本文のごとく仮整理する。

(20) 本書において、「存在」「存在するもの」「有」「有るもの」「在る（もの）」「或る（もの）」等々の諸概念は、それぞれの概念内容において、また特にそれらの相互関係において、必ずしも厳密な規定のもとで使用されているのではないように見える。然し次の如くに大よその規定を与えるならば、本節その他の晦渋な箇所もどうにか理解出来ぬであろうか。

本書のここまでの所論ならびに『ロゴスとレンマ』(たとえば五頁、一五五頁)に基づいて、次のような暫定的理解の枠組を作成し、読者の参考に供したい。

(1)無又は非存在=「有(るもの)」又は「存在」の、その根拠ないし理由。従って「有(るもの)」又は「存在」は、無又は非存在によって根拠づけられたもののその総体を指示する。(2)しかし、この「有(るもの)」又は「存在」はそれだけでは全く一般的抽象的なだけである。(即ち、外延極大・内包極小。)それ故、それが現実の具体的な「在るもの」であるためには、この「有(るもの)」又は「存在」は「もの」又は「或るもの」として――「物」であるにせよ「者」であるにせよ、はたまた「価値」であるにせよ、とにかく「何らかのもの」として――特殊的に意味づけられて限定されねばならない。(3)つまり、「或るもの」又は「もの」にまで限定されてはじめて、「有(るもの)」又は「存在」は、現実的具体的な「在るもの」として与えられうるのである。(4)以上のごとき事態であるから、「有(るもの)」を有らしめ「存在」を存在せしめる根拠は、「在るもの」でも「(何か)或るもの」でもないことはもちろんであって、それはただ「意味」の世界としての「無」でしかあり得ない。

(21) 原手稿(一四二頁四~五行)では、ここは「……存在であってはならない。それは可能が現実とならんとして……」と続くのであるが、達意のため、このように補足敷衍する。

(22) 著者はその後、この計画を変更されたらしく、次章以降は、また別の観点からの、主題(即ち「存在の根拠の問題」)の展開になっている。従って本書においては、ライプニッツについての詳細な言及としては第一二章があるのみである。

(23) 原手稿(一五八頁六行目)では、「意味」になっているが、前後の文脈に基づいて「価値」と訂正する。

(24) この「非存在」は、「無の根拠」という意味での「非存在」ではなく、「欠如(privatio)」としての「非存在」を意味すべきであろうが(一一九頁五行目以下)、しかしそう理解しても、この一文には、依然として前後の文脈との不整合性が残っている。疑いを残すほかはない。

(25) 著者は本書の第一三章第三節(一〇〇頁)において、外道の四句分別が、第三に両是、第四に両否を配当していることを批判し、順序を入れ替えて、第三に両否、第四に両是を配すべきことを主張した。しかしここで第三のレンマとして挙示されているのは両是である。これは文脈上、両否にまで言及する必要がないからであろう。しかし著者の本来的意図からすれば、むしろ「第四のレンマ、両是が……」とすべきであろう。

(26) この「しかしそれにも拘らず……でなければならなかった。」の一文中、「在るもの」および「或るもの」の概念は、注(20)で提案した枠組によって編者が整理した。

(27) 原手稿(一七五頁)では「意味があって存在のあることは」となっているが、このように「存在があって意味のあることは」と訂正したほうが、前後の文脈に一致するように思われる。

(28) 原手稿(一八四頁)では、ここに「次頁ニスグツヅク」という書き込みがあって、以後この頁は空白であり、原手稿の次頁(一八五頁)のはじめにいたっている。

(29) 原手稿(一九三頁)は、ここで改行して「レンマの論理は中観を得んと」と続けているが、そこで途切れている。

(30) Martin Heidegger: *Die Frage nach dem Ding.* (Gesamtausgabe, II. Abt., Bd. 41) ——同巻の編集者によると、一九三五/一九三六年冬学期、フライブルク大学において、「形而上学の根本問題」(》*Grundfragen der Metaphysik*《)という題で行なった講義を、一九六二年、ハイデッガー自身が、『物への問い。カントの超越論的原理論』(》*Die Frage nach dem Ding. Zu Kants Lehre von den transzendentalen Grundsätzen*《)と題して刊行したのが、すなわちこの書物である。

(31) この段落は錯雑しているが、大意は、〝我国では物質を意味する「物」も人間を意味する「者」も、ともに「もの」と表現され、そこに「もの」(存在するもの一般)をDing、人をPersonとして区別する西洋に対する国語の特色がある。〟ということであろう。

(32) 原手稿(二〇三頁)では"becausa"であるが、"because"と仮に整理しておく。

(33) 原手稿(二一二頁)では、この〃やがて散らんとするものであっても〃の次に〃負の意識もなく〃という一句が入っている。

(34) 原手稿(二三一頁)では、ここは「……、又は平□であって、」とあり、「平」の次の字が判読不可能である。文脈に従って、□の中を仮に「和」としておく。

(35) 著者は第二点をそれとして明示していないが、本書一六〜一七頁や一三三〜一三四頁でも論じられているような、「弁証法では〃中〃が(媒介作用であるにとどまり)存在性をもたない」という点をそれとして考えているように思われる。

(36) 原手稿(二五〇頁)では、ここは「……、中を拒斥することによってそれを完成せんとすべきではないか」とあるが、それでは第三法則即ち排中律によって弁証法は完成されるべきだ、という主張になる。従って前行(本書一七〇頁一七行)における「前者」を「形式論理の第二法則」(つまり矛盾律)と解したのを受けて、この部分を「……、それは排中律を拒斥することによって自らを完成せんとすべきではないか」というように校訂する。

(37) 本書一六〜一七頁および注(1)を参照。

(38) 原手稿(二五六頁)では「数百年」となっており、また、原手稿二六三頁(本書一七六頁)には「龍樹は三世紀頃の人であった」と記されているが、龍樹の年代は通常紀元二〜三世紀(一五〇〜二五〇年)と見做されている。そのように訂正する。

(39) 原手稿(二五七頁)では、「凡てのことが此の物から否定せられても、……」となっているが、このように理解し且つ敷衍する。

(40) この段落は、注(16)にも挙示された所の、中村・紀野訳『般若心経・金剛般若経』(岩波文庫版)中の、九八、一〇

一、一〇五、一一一頁からの摘記から成立しているので、出来るだけ訳書の原文通りになるように整理した。また同訳書の解題によると、『金剛経』は大乗仏教の最初期に成立したものである。恐らく西紀一五〇年か二〇〇年頃には成立していたであろうと考えられる」とある(同訳書二〇二頁)。然しそうすると、龍樹とさほど異ならぬ時期の成立、ということになろう(注(38)を参照)。

(41) 原手稿(二七九頁)では、この一文は「ことは物をして「もの」たらしめるのみでなく」となっているが、編者には、ここはこの文に限って、本文のように「物」を「もの」と入れ替えた方が正しい、と思われる。

(42) 著者がここで「同一」又は「同にして一なるもの」と規定しているのは、ふたつのものが別々に先ずあって、相互に(外から見て)ただ同等である、というような関係であろう。

(43) 原手稿(二九一頁)では「……レンマのそれは無きものであって」とあるが、文脈上(たとえば二行前の「無は無きものではなく無きことである」を見よ)、「無きこと」と訂正さるべきである。

(44) 原手稿(二九三頁)では、この八行あとに「……、他己との関係によってではなく」とあり、この「他個」は「他己」と訂正されるべきではないか、と思われるが、あえて原文のままとする。

(45) 原手稿(二九九頁)では、「……天空に飛ばんとしてある所のものは依然として飛白□の外に何があろうか」となっていて、□は抹消された判読不能の一字である。仮に本文のように整理しておく。

(46) 原手稿(三〇三頁)では、「あらゆるものは非無情である。」とあるが、そのうち〃無〃が半ば抹消されていて、著者の意志が抹消であるかどうか判然としない。文脈に従って抹消し、〃非情〃と仮に整理する。

(47) 両漢訳文とも上掲訳書七二頁上段に見いだされ、邦訳では、最初の漢訳文は13・aのなかに、あとの漢訳文は13・cのなかに、それぞれ訳出されている。但し、上掲訳書では、はじめの引用漢訳文は「是経名為金剛般若波羅蜜。……仏説般若波羅蜜。則非般若波羅蜜」である。

(48) 上掲訳書六六頁上段。邦訳では10・b。但し上掲訳書では、漢訳文は「荘厳仏土者則非荘厳」である。

(49) 上掲訳書五〇頁上段。邦訳では5。但し上掲訳書では、漢訳文は「如来所説身相。即非身相」である。

(50) 上掲訳書八二頁上段。邦訳では14・f。但し原手稿(三〇五頁)には、出典を示す「第一四章」の記入がない。

(51) 原手稿(三〇九頁)では、「存外」となっているが、この次の行に「無論」とあるのに一致させるべく、仮に「論外」とする。

(52) 原手稿(三一四頁)では、この部分は「……我々にとって重大な□格をもってくる」となっており、□は判読出来ない。〝□格〟は、〝意味〟と仮に理解しておく。

(53) 〝是〟は、〝非〟と対置されるとき、〝非〟に対して〝善〟を、〝非〟は〝是〟に対し〝悪〟、あるいは〝正しくないこと〟を意味する。また、この行から次行にかけて、「非は単なる悪でなく、たとえ悪であるにしてもそれは何らかのものである以上に或るものではなく、……」とある部分は、原手稿(三一七頁)では、「非が単なる悪でなく、たとえ悪であるにしてもそれが何らかのものである以上は或るものではなく、……」となっているのであるが(傍点は編者による訂正部分)、整合性のために仮にこのように訂正する。

(54) 原手稿(三二二頁)では、この部分は「……アンチ・テーシスとの□撃があり、……」であって、□は判読できない。仮に〝駁撃〟としておく。

(55) 原手稿では、このあと改行して、その三三一頁一八行目から三三四頁の末尾まで、次の記述がある。

――〝対応〟とは対立しながら更に互いに相反することである。この抗立は殆んど死を賭した真剣なものでなければならぬ。

禅者にして優れた剣客でもある大森曹源老師は言う。――刀を取って敵と相対したとき、初めて我は無我となりうる。そこにはただ敵を倒すことのみ。その他に何ものもない。武蔵の「兵法二十五箇条」には「有構無構」という項があって、「かまゆる心」があるから、太刀も身も居付くのだ、と〔先ず〕戒めながらも、「構える太刀を残らず裁断して除き、無きところを用いる」ことが活人剣である、と教えている。それを体得した人は、あたかも臨済の道人であり、これを味了《ママ》することが曹洞の「幽」である、と。――(大森曹源『剣と禅』、第四章)

たしかに、剣を取って敵に対するときほど、厳しく烈しい対立は他にないであろう。ヘーゲルの言うMitte(中)、Vermittelung(媒介)は論理にすぎなかったが、剣撃の媒介は刀剣であり、生死であり、対応ののっぴきならぬものがそこにあり、その他の何ものでもなかった。前に(六二〜六五頁)伝えたように、茶人の媒介は茶湯であり、単に忙中の閑を医するにすぎなかったが、それでも単に渇を止めることだけが茶人の真意ではない。茶は彼等にとって死を意味し、時として刀剣に等しい媒介者でさえあった。利休も山上宗二も古田織部も、茶によってむしろ死所を探し求めていた、としか思われない、とそう本覚坊は言っている。それは決して有閑人の慰戯でもなければ一時の求安でもなかった。利休の高雅でさえも、秀吉の権力に向っては露の如くはかないものであった。「無では足らぬ、死でなければならぬ。」と宗二(らしき人)が叫んだのも、その故であっただろう。独り、「おれは腹を切らぬ。切らぬでも茶人だ。」と豪語したのは信長の弟、織田有楽のみであった。

〝対応〟はそれほどに厳なものでなければならない。それは単なる対立ではなく、対抗であり反抗であり戦いであった。それが弁証法的色彩を帯びることは〔必ずしも〕謂われなきこと〔ではない〕と了承することに於いて、我々もやぶさかならぬものである。しかしそれ〔=〝対応〟が弁証法的色彩を帯びること〕が対立の唯一の形態であるか、ありうるだろうか。もしそうならば、人と人との対応は常に戦いであり争いであって、その他の何ものでもあり得ない。〝対応〟は対立の一種であっても決してそれと同一ではない。況んや対立を「矛盾」と同一視することは、古今の錯誤である。――

以上の記述は、本章の展開をむしろ錯綜させることが少なくないように思われるので、このように注の中へ繰りいれた。

(56) 中村・紀野訳『金剛般若経』岩波文庫版、六六頁(10・c)。

(57) 原手稿(三五二頁)では、「……必ず有時であり定□□現時でなければならない。」となっていて、二字が判読できない。本文のように仮に整理する。

(58) 著者がここで両否を第三、両是を第四と数えているのは、肯定を第一の思惟方式、否定を第二のそれとして数えているからである。

(59) 原手稿(三六一頁)では、「……ということ〔だけで〕は、ロゴスの論理として到底なりたたない、……」となっているが、これは思想的文脈的に、「即非の論理」に改めねばならない(傍点は編者による)。

(60) 原手稿(三六五頁)では、「利に対して益が」となっているが、本文のように「利に対して害が」と改める。

(61) この段落の思想に基づくならば、次の段落では、「価値」と「意味」との二概念の間が混乱しているように見受けられる。とりあえず〔=……〕により、編者の理解を添えておいた。また、この段落の傍点は編者の附加である。

(62) Aristoteles: *Metaphysica.* 992^b, 1003^a, 1028^a, 1060^b, 1064^b, etc.(但し、本引用文そのままの形式では見いだされない。)また、第一四巻(N)第二章では「存在者ということが多様に語られることから、非存在者ということも亦多様に語られる」(1089^a)と述べられている。

(63) 原手稿(三七五頁)では、「道徳のしきりに説かれた国では信義が最も尊ばれた」となっている。然し、ここまでの文脈では、「無心」という表現とその実態としての「酷烈な煩悩」との逆説的関係が説かれているのであるから、「信義が最も地に墜ちていた」とするほうが、文脈の自然に添うのではないか。そのように仮に整理しておく。

■岩波オンデマンドブックス■

随眠の哲学

1993年3月25日 第1刷発行
1993年5月25日 第2刷発行
2014年8月8日 オンデマンド版発行

著 者 山内《やまうち》得立《とくりゅう》

発行者 岡本 厚

発行所 株式会社 岩波書店
〒101-8002 東京都千代田区一ツ橋2-5-5
電話案内 03-5210-4000
http://www.iwanami.co.jp/

印刷／製本・法令印刷

ISBN 978-4-00-730129-2 Printed in Japan